क़ाफ़िला-ए-नौ-बहार

संकलन

विकास शर्मा राज़

क़ाफ़िला-ए-नौ-बहार

संकलन

विकास शर्मा राज़

BOOKS
राजकमल प्रकाशन

BOOKS राजकमल प्रकाशन

रेख़्ता बुक्स और राजकमल प्रकाशन प्रा.लि. का सह-प्रकाशन

रेख़्ता बुक्स
बी-37, सेक्टर - 1, नोएडा
उत्तर प्रदेश - 201301

contact@rekhta.org
www.rekhta.org
www.rajkamalprakashan.com

क़ाफ़िला-ए-नौ-बहार

संकलन

विकास शर्मा राज़

ISBN : 978-81-939681-1-6

प्रथम संस्करण : 2019

फ़ॉन्ट : योगेश यूनि
मुद्रक : यश प्रिन्टोग्राफ़िक्स, नोएडा

आवरण एवं पुस्तक सज्जा
सुरेश पंवार, रेख़्ता

सहयोग राशि : ₹199

राह-ए-मज़्मून-ए-ताज़ा बन्द नहीं
ता-क़यामत खुला है बाब-ए-सुख़न

रेख़्ता-शाइ'री के बुनियाद-साज़
वली दकनी के नाम

अपनी बात....

'बदलाव' वक़्त का दूसरा नाम है। हर नया वक़्त पुराने वक़्तों से कुछ अलग, कुछ नया होता है। और ये बात भी सच है कि शाइ'री वक़्त की अ'क्कासी न भी सही मगर इस बात से इन्कार मुम्किन नहीं कि हर दौर की शाइ'री में उसका वक़्त साँस ले रहा होता है, ख़्वाह उसकी शक्ल मौज़ूआ'ती हो या ज़बानी।

मेरे नज़्दीक शाइ'री का आख़िरी क़ाबिल-ए-ग़ौर इन्तिख़ाब 'खिड़की में ख़्वाब' था जो 2011 में आया था और जिसे आ'दिल रज़ा मंसूरी ने तर्तीब दिया था। इस इन्तिख़ाब के बेश्तर शाइ'र आगे चल कर मुस्तनद हुए, और अपनी अलग राह बनाई। मगर उनके मुस्तनद होने का दा'वा न तो 'खिड़की में ख़्वाब' के मुदीर ने किया था और न हम कर रहे हैं। हमारी ये कोशिश मौजूदा दौर की नौजवान नस्ल के शाइ'रों की निशान-दही का अ'मल है, जो अपने होने का सुबूत देते रहे हैं। इनमें से कौन बचा रह जाएगा ये तो वक़्त ही बताएगा। हमारा काम तो मौजूदा अ'ह्द में उनका होना तस्लीम करना है। इस इन्तिख़ाब में शामिल शाइ'रों का अदबी सफ़र लगभग एक साथ शुरू' हुआ है और अभी किसी का कोई शे'री मज्मूआ' भी सामने नहीं आया है। मगर ये तमाम शाइ'र अपनी आहटों से हमारी समाअ'तों को रौशन करते हैं, और अपने होने का एहसास करा पाना ही उनकी पहचान है। ये इन्तिख़ाब उन सब मुतअस्सिर-कुन आवाज़ों को एक साथ सुनने का अ'मल है। मैं रेख़्ता का शुक्र-गुज़ार हूँ कि उसने इस इन्तिख़ाब को प्रकाशित करने की इजाज़त दी। मैं तरकश प्रदीप का भी शुक्रिया अदा करता हूँ जिन्होंने इस संकलन को तय्यार करने में मदद की।

बेहद अज़ीज़ अभिषेक शुक्ल का शुक्रिया अदा करना भी मेरा अख़लाक़ी फ़र्ज़ बनता है। उन्होंने न सिर्फ़ इस इन्तिख़ाब का पेश-लफ़्ज़ लिखना स्वीकार किया, बल्कि कुछ ज़रूरी मश्वरे भी दिए ।

विकास शर्मा राज़

कुछ ज़रूरी बातें

"शाइ'री के बग़ैर काम नहीं चल सकता मगर मैं ये नहीं बता सकता कि उसका काम क्या है।"

ज्याँ काक्तो (फ्राँसीसी शाइ'र और ड्रामानिगार)

ज्याँ काक्तो के इस अ'जीब-ओ-ग़रीब मगर दिलचस्प क़ौल से सरसरी गुज़र जाना दरअस्ल मीर साहब की नाराज़ी में मज़ीद इज़ाफ़ा करना होगा - "सरसरी तुम जहान से गुज़रे, वर्ना हर जा जहान-ए-दीगर था।" सो बात ये है कि शाइ'री सिर्फ़ ज़ात का इज़्हार नहीं बल्कि इज़्हार की ज़ात भी है, ज्याँ साहब की बात को अगर ध्यान में रक्खें तो हम कह सकते हैं कि ये कोई दूसरा काम करती हो या न करती हो, इंसान में इंसानी क़द्रों का इज़ाफ़ा ज़रूर करती है। या'नी दिल में थोड़े और दिल का इज़ाफ़ा होता है, जान में थोड़ी और जान आती है, ज़ेह्न पर तमाम अफ़्लाक की वुस्अ'तें मा'मूली गिरहों की तरह खुल जाती हैं और हम वो नहीं रहते जो पहले हुआ करते थे।

बात जहाँ तक समकालीन हिन्दुस्तानी उर्दू शाइ'री, ख़ास तौर पर ग़ज़ल की शाइ'री की है तो ज़ाहिर है हम सब लगातार होने वाले बदलावों की एक श्रृंखला में हैं जहाँ पहले हो चुकी शाइ'री और समाज शास्त्रीय बह्सें हमेशा की तरह इस दौर में भी आधुनिक चिंतनशील मन की फ़िक्र को मुतास्सिर कर रही हैं और हमारी शाइ'री क़ुबूल-ओ-रद्द के तमाम मराहिल तय करती हुई आगे बढ़ रही है। कहना ग़लत न होगा कि पिछले 10 साल इसके लिए मुख़्तलिफ़ सत्हों पर तब्दीलियाँ लाने वाले रहे हैं एक तरफ़ तो ग़ज़ल के चाहने वालों की तादाद में कमाल का इज़ाफ़ा देखने को मिला, वहीं दूसरी तरफ़ कुछ बरसों बा'द ये भी देखने को मिला कि इन चाहने वालों में से लगभग तीन चौथाई दरअस्ल ग़ज़ल के नहीं 'एक शाइ'र विशेष' के चाहने वाले थे। उनका कुल

जहान-ए-ख़राब सिर्फ़ और सिर्फ़ उसी शाइ'र तक महदूद था और ये जो फ़ज़ा बनी उसने जितना फ़ायदा पहुँचाया, नुक़्सान उससे कम नहीं किया कि लोग ठहर से गए एक शख़्स पर। फिर ग़ज़ल को आगे आ कर ओपन माइक से भी सर फोड़ना था, वो भी हुआ मगर इन सबके बीच जिस बात का हर उर्दू वाले को एहसास है वो ये कि 'रेख़्ता' के वजूद में आने के बाद संजीदगी से शे'र कहने वालों का एक तब्क़ा ऐसा भी था जिसने ग़ज़ल की मोहब्बत में गिरफ़्तार हो कर न सिर्फ़ उर्दू सीखी बल्कि उसके छंदशास्त्र की तरफ़ भी तवज्जो की। फिर तो जैसे एक सिलसिला चल निकला। रेख़्ता की हैसियत एक प्रस्थान बिंदु की सी हो गई और तमाम मुल्क में नए लोगों के लिए एक माहौल बन गया और आज जब ये इन्तिख़ाब आपके हाथों में है, मैं ख़ुश हूँ कि इस इन्तिख़ाब का हर शाइ'र उर्दू ग़ज़ल की रिवायत से वाकिफ़ है। ये अलग बात कि कोई फ़िल्हाल रिवायत का पास रख रहा है, कोई रिवायत-शिकनी के मर्हले में है और कोई इस कोशिश में है कि कैसे इस अ'ज़ीम रिवायत में एक्सटेंशन हो।

ये तमाम शाइ'र इस बात से पूरी तरह आगाह हैं (अच्छे शाइ'र, ज़ाहिर है पहले भी होते ही थे) कि अब शाइ'री भी दूसरी चीज़ों की तरह एक कंस्ट्रक्ट है, एक तय्यार की जाने वाली चीज़। सिर्फ़ आमद के सहारे बैठने वाले नहीं, शे'र-साज़ी का अ'मल क्या है, उन्हें ख़ूब मा'लूम है। ये बात अपनी जगह मगर एक बेहद अहम सवाल भी इनके सामने है जिसे ख़ुद ऑक्टावियो पॉज़ जैसे शाइ'र ने कभी पूछा था कि "शाइ'री कौन पढ़ता है?"

ज़ाहिर है ये सवाल वो है कि जिसका इस जटिल समय में कोई एक जवाब मुम्किन नहीं और इसका जवाब भी ग़ालिबन हर शाइ'र को अलग-अलग ढूँढना है कि उसके पढ़ने वाले कई बार अलग-अलग होते

हैं, शाइ'री का मिज़ाज भी। फिर भी इतना तो है कि कविता वो पढ़ता है जिसे तमाम इंसानी जज़्बों से गुज़रना हो, अपेक्षाकृत कम वक़्त में। फिर सवाल उठता है कि शाइ'री है क्या? तो आ'क़िब साबिर का मिस्रा' है :-

नटनी की चाल है जिसे कहते हैं 'शाइ'री'

या'नी ये बात ठीक है कि हुस्न या ज़िन्दगी की तरह शाइ'री की भी कोई एक सर्वमान्य परिभाषा मुम्किन नहीं, मगर हुस्न और ज़िन्दगी की तरह शाइ'री भी संतुलन की क़ाइल ज़रूर है और इस बात का ख़ास ख़याल इस संकलन में रखा गया है। आपको याद होगा मैंने ऊपर कहा है कि इस इन्तिख़ाब के कुछ शाइ'र आपको अपने कलाम में रिवायत का पास रखते मिलेंगे, कुछ उससे टकराते हुए और कुछ ग़ज़ल की अ'ज़ीम रिवायत में अपने स्तर पर एक्सटेंशन की कोशिशें करते हुए। ये तो आप समझते ही होंगे कि अच्छी शाइ'री तीनों के यहाँ मुम्किन है और हमें बग़ैर किसी किस्म के पूर्वाग्रह के तीनों को ही ध्यान से पढ़ना चाहिए। मैं ऐसा इस यक़ीन से कह पा रहा हूँ कि मैं जानता हूँ रिवायत एक फ्लूइड (द्रव) शय भी है। ये कल वैसी नहीं रहेगी जैसी आज है, मगर परसों क्या पता जो आज है वही दोबारा चलन में हो ! आ'क़िब का ही शे'र देखें :-

रह-ए-शहादत पे सर के हमराह एक आसेब चल रहा है
हमीं न निकलें यज़ीद-ए-दौराँ कि ख़ुद को शब्बीर कर रहे हैं

इस शे'र ने रिवायत से भरपूर फ़ायदा उठाया है, तमाम पृष्ठभूमि पुरानी और तमाम ख़दशे बिल्कुल ताज़ा।

बहरहाल ये इन्तिख़ाब समकालीन हिंदुस्तानी ग़ज़ल के मिज़ाज को सामने रखने की एक भरपूर कोशिश तो है ही कि यहाँ आपको ज़िन्दगी के तमाम रंग अपने तमाम शेड्स के साथ मिलेंगे, जो यक़ीनन आपको

आपसे क़रीबतर करेंगे।

बस यही बात मुझे लाती है नज़्दीक तिरे
तू भी तो मेरी तरह ख़ुद से ख़फ़ा रहता है

आफ़्ताब शकील

हमारे बीच ख़ुद से मुतमइन लोगों की तादाद दिनों-दिन कम होती जा रही है, सवाल उठता है कि आख़िर ऐसा क्यों? साथ ही हमारे हिस्से की ज़मीन, हवा-पानी के अपने मस्अले हैं और ये सब बातें हमारी फ़िक्र पर लगातार असर-अन्दाज़ हो रही हैं, इन्हें शाइ'री में आना ही है। अभिनंदन के दो शे'र देखिए :-

जंगलों ने कर लिया तस्लीम जाने क्यों गुनाह
ऐ जहान-ए-नौ तेरा इल्ज़ाम तक पुख़्ता न था

ज़ंजीर-ए-गिराँबार है शाख़-ए-रग-ए-जाँ अब
मुश्किल से चलेंगे भी तो दो-चार क़दम हम

इन अश्आ'र में पहला शे'र तो लगता है आजकल का है कि जब हम एक तरफ़ धरती के फेफड़े यानी अमेज़ॉन के जंगलों का विनाश देख रहे हैं, दूसरी तरफ़ 'आरे' जैसी घटनाएँ भी हमारे सभ्य समाज का हिस्सा हैं। दूसरा शे'र जाने क्यों लगता है शाइ'र ने आज से बीस साल बाद इसी मानव समाज के लिए कहा है जहाँ जंगलों ने शहरों के ना-पुख़्ता इल्ज़ामात तस्लीम कर लिए और अब हमारी सभ्यता इन हालात में है कि मुश्किल से दो-चार क़दम चले तो चले। ये लिखते वक़्त हक़ तो ये है कि बीस साल मैंने ज़ियादा लिख दिए.. ख़ैर।

मेरा हमेशा से ये मानना रहा है कि किसी तहरीक से उस वक़्त की

शाइ'री को समझने से कहीं बेहतर टूल है, उस वक़्त की शाइ'री से उस ख़ास वक़्त की तहरीक को समझा जाए। नई'म सरमद का एक शे'र देखें :-

दाना डालने वाला शाइ'र भूक से मर कर दफ़्न हुआ
और इससे अंजान परिंदे अब भी छत पर बैठे हैं

ये शे'र किस तहरीक से वाबस्ता है? तरक़्क़ी पसंद? जदीदियत? या उसके बाद की? दरअस्ल ये तारीख़ की सबसे बड़ी तहरीक या आन्दोलन जिसे इंसान की चेतना का बेदार होना कहते हैं, उसकी जागृति कहते हैं, उससे वाबस्ता है। बाक़ी जितने भी आन्दोलन हैं उन्हें आप 'उप-आन्दोलन' कह कर काम चला सकते हैं, फिर वो कला के रास्ते हों या समाज में सीधे घटित हों। साथ ही ये भी कि बेदारी या इंसानी चेतना की जागृति पहले व्यक्ति या'नी फ़र्द का मस्अला है, बा'द में समाज की ये अवस्था ख़ुदा और बंदों के रिश्ते को भी बदल कर रख देती है, कैसे? उसकी मिसाल राहुल के यहाँ देखें :-

ये हक़ीक़त है कि तुझसे है मिरा होना मगर
बन्दगी मेरी है सो तू भी ख़ुदा मुझसे है

बेदारी की इस मंज़िल तक जितने भी रास्ते जाते हैं, उन पर दुःख हमारी चेतना का सहयात्री हुआ करता है।

राहुल ने दुःख को पहचाना भी है और ग़ालिबन उसके बारे में उन्हें ये समझ भी है कि जो ऐन दुःख है, उसकी हस्ती किसी बयान के दायरे में नहीं आ सकती बल्कि ऐसी कोशिश उ'मूमन बेमा'नी ही होती है। शे'र देखें :-

दुःख की हस्ती नहीं इक कार-ए-बयाँ तक महदूद
ऐ मिरे दोस्त तिरी क़ुव्वत-ए-इज़्हार पे ख़ाक

इसका मत्लब ये नहीं कि अब इज़्हार नहीं किया जाएगा बल्कि अब इज़्हार का 'न्यू नॉर्मल' पहले से फ़र्क़ है। बयान के साथ-साथ ज़बान की सत्ह पर भी प्रयोग हो रहे हैं, जिनसे बचा जाता था उनसे नज़रें मिलाई जा रही हैं। या'नी एक झिझक ख़त्म होती दिख रही है और ये बात बेहद अहम है कि शाइ'री की अस्ल हक़ीक़त उसके अल्फ़ाज़ ही हैं।

मैं तो मुद्दत से ग़ैर हाज़िर हूँ
बस मेरा नाम है 'रजिस्टर' में

अज़हर नवाज़

'और उसके दोनों अधरों से बहती है रसधार सखी'

नई'म सरमद

इस अ'ह्द का शाइ'र सिर्फ़ ज़बान और बयान के तज्रबे ही नहीं कर रहा, वो ज़िन्दगी के तेज़ बहाव में कई बार तमाम हासिल सहूलतों के पुल तक छोड़ दे रहा है कि बीच धारा में उतर सके, कि ज़िन्दगी को सिर्फ़ दूर से क्या देखना? याद आते हैं हिंदी के मुम्ताज़ कवि नरेश सक्सेना कि "पुल पार करने से पुल पार होता है..नदी पार नहीं होती.. नदी पार नहीं होती, नदी में धँसे बिना.."

अंकित का ये शे'र देखिए अब :-

न जाने किससे बिछड़े थे हम ऐसे
ज़माने भर ने दिल रक्खा हमारा

इस शे'र में बिछड़ना वही है जो मीर साहब से लेकर अब तक रहा है, मगर इस शे'र को जो बात मुन्फ़रिद और ख़ास बनाती है वो ये है कि

ज़माने भर ने दिल रक्खा शाइ'र का। इसने एक मा'मूली बिछड़ने को भी ग़ैर-मा'मूली अ'ज़्मत बख़्श दी। यहाँ ज़बान का तज्रबा नहीं किया गया, तज्रबे को ज़बान दी गई है। होता ये है कि अक्सर-औक़ात शो'रा तज्रबे को ज़बान देने के बजाए ज़बान को तज्रबा देने की कोशिश करते हैं, जिसमें तासीर उनके कलाम से जाती रहती है जबकि तासीर या'नी प्रभावशीलता कलाम में सब कुछ है। हिंदी के महाकवि 'महाप्राण निराला' ने 'भाव-प्रवणता' को बड़ा महत्व दिया है। इसी को हमने यहाँ तासीर कहा है और तासीर जब अल्फ़ाज़ के पैकर में सामने आए तो हैरत नहीं कि अश्आ'र विपुल कुमार के हों :-

दीवार-ओ-दर के साथ कोई इन्तिज़ाम है
रुकता, मगर चलूँ कि मिरे घर पे शाम है
पहचानता हूँ अपनी उदासी के रंग से
पानी पे तैरती हुई शब है कि शाम है

या

इक रोज़ खेल-खेल में हम उसके हो गए
और फिर तमाम उ'म्र किसी के नहीं हुए

इस शे'र की ख़ास बात ये है बल्कि इसमें जो तासीर है उसकी शिद्दत का आलम ये है कि वो लोग भी जो 'हज़ारहा' किसी के बा'द फिर किसी और के होते रहे हों, वो भी इसे सीने से लगाए घूमते मिले हैं। अ'वाम की मोहब्बत का यूँ भी कोई बदल नहीं। अच्छी बात ये है कि विपुल के बा'द भी हिंदुस्तान में जो नए लिखने वाले हैं उनमें से ज़ियादातर ने अपना उस्लूब ख़ुद दरयाफ़्त किया है, मिसाल के लिए इसी इन्तिख़ाब से पल्लव का ये शे'र देखें :-

माज़ी के तारीक खंडर की ख़ाक का हासिल
एक चराग़ है जिसका मुस्तक़बिल रौशन है

शे'रसाज़ी की बेहतरीन मिसाल है ये शे'र, जहाँ चराग़ ख़ुद नहीं बल्कि उसका भविष्य रौशन है और ये भी किसी वर्तमान क्षण का हासिल नहीं। हासिल है भी तो माज़ी के तारीक खंडर की ख़ाक का। इसी सिलसिले में अब्बास क़मर एक ऐसा नाम है जिसकी ग़ज़लों से गुज़रते हुए इरफ़ान सिद्दीक़ी मरहूम का ये मिस्रा' बराबर ज़ेह्न में रहता है कि 'मगर ये नोक-पलक मेरे फ़न का जादू है' :-

देख कर ज़ख़्म-ए-जिगर कहता है मुझसे चारागर
ठीक है, गहरा है पर नासूर होना चाहिए

वैसे भी शे'र बना ले जाना किसी सादा ज़ेह्न का काम नहीं रहा अब, क़ारी जिस क़दर चालाक हुआ है, शाइ'र ने भी ख़ुद को पीछे नहीं रखा:-

अपनी ही किसी धुन में था उलझा हुआ वो शख़्स
सो हमने कहानी भी कोई और सुना दी

अब्बास क़मर

ज़ाहिर है, हक़ीक़तों की हक़ीक़त जब शाइ'र पर खुलती है तो शाइ'र ख़ुद को एक तरफ़ पाता है, नहीं पाता तो कर लेता है। शहबाज़ रिज़्वी ज़िन्दगी की ऐसी ही तमाम तल्ख़ हक़ीक़तों की आँखों में आँखें डाल कर ग़ज़ल कहने वाला एक शाइ'र है :-

इसीलिए तो मैं इस तीरगी का क़ाइल हूँ
मैं जानता हूँ उजाले बनाए जाते हैं

शाइ'र या तो बाहर की सच्चाइयों का मारा है या अपने अन्दर की, अंजाम चाहे जो हो, ये क्या कम है कि सच जानने का साहस है उसमें और फिर उसे अक्सर शे'र में तब्दील करने का भी। ये शे'र देखें :-

पहला किसी का इ'श्क़ था दूजा है शाइ'री
दो हादसों को एक किए जा रहे हैं हम

इम्तियाज़ का ये शे'र तक़रीबन हर शाइ'र का अपनी शाइ'री को लेकर दिया जाने वाला सबसे अहम बयान है। जब शाइ'र ख़ुद को या अपने सृजन कर्म को बयान करता है तो उसकी ज़ात का उस बयान से मेल खाना बड़ा ज़रूरी होता है। कलकत्ता के विजय शर्मा 'अर्श' के दो शे'र मुलाहिज़ा हों :-

मेरी हालत मेरे रब की हालत है
मैं अपने बाउल का टूटा इकतारा
दरिया-दरिया अपने रंग बिखेरेगा
बदली-बदली छुपने वाला इक तारा

बाउल भक्तों का ज़िक्र अपने शे'रों में अगर दिल्ली का कोई शाइ'र करे तो तासीर से ख़ाली होने की संभावना बहुत होगी मगर विजय ने उसे जज़्ब किया है अपने अन्दर। 'इक तारा' भी उसकी ग़ज़ल में "ख़ास उसकी" शय बन कर आया है, उधार ली हुई चीज़ नहीं। इसीलिए ये अश्आ'र दिल को छूते हैं। निवेश साहू के अश्आ'र भी इसी सिलसिले की एक कड़ी हैं :-

इस जंगल के पेड़ों से मैं वाक़िफ़ हूँ
गिर जाते थे जिस पर साया करते थे

ये एक नया तर्ज़-ए-इज़्हार है और ये नयापन मध्यप्रदेश के एक दूसरे शाइ'र के इज़्हार में भी साफ़ दिखाई पड़ता है, जिसका तमाम शे'री सफ़र तक़रीबन उर्दू बस्तियों से दूर कट रहा है, शे'र देखिए :-

हम पे रंग-ओ-रोग़न क्या तस्वीरें क्या
घर के पिछले हिस्से की दीवार थे हम

कुलदीप कुमार

ये भी देखा गया है कि शाइ'री जब गंभीर चिंतन के मर्हले तय कर ले और ख़ुद 'अपने पर बन आए' तो ऐसे शे'र होते हैं जिन्हें पहली नज़र में ख़ुद से फ़रार की ख़्वाहिश से उपजे अश्आ'र कहा जा सकता है, मगर ऐसा होता नहीं :-

ख़ुदा भी साथ रहता था हमारे इस ज़मीं पर
ये तब की बात है जब आस्माँ होता नहीं था

आशु मिश्रा

दरअस्ल ख़ुदा को तमाम शाइ'रों ने प्रचलित अर्थों में ख़ुदा नहीं माना है, बल्कि उसके साथ तक़रीबन बराबरी की सत्ह पर आ कर बात की है, उन्होंने बन्दगी में दोस्ती का रंग बराबर मिला लिया है।

इस इन्तिख़ाब के तमाम शाइ'रों की एक ख़ास बात है कि वो एक-दूसरे के बराबर संपर्क में हैं, एक-दूसरे के सृजन कर्म से आगाह और लगातार बेहतरी की तरफ़ क़दम बढ़ाते हुए। किसी को किसी से हसद नहीं कि सच्चे और अच्छे फ़नकार में हसद के लिए जगह ही कब होती है? ये आख़िरकार इसी समाज की निधि हैं, इस इन्तिख़ाब या इसके शाइ'रों को ज़रूरी नहीं कि सर्वस्वीकृति हासिल हो, दूसरे लोग दूसरा इन्तिख़ाब कर सकते हैं, उनका स्वागत है मगर इनके बीच जो रब्त, जो रिश्ता इस वक़्त है, मैं समझता हूँ कि उर्दू शाइ'री को उस पर नाज़ करना चाहिए कि उसने नए लोगों के लिए ख़्वाब देखना आसान कर दिया है। मलयालम के मुम्ताज़ शाइ'र के. सच्चिदानंदन ने कहा था कभी :-

हज़ार कवियों ने लिखी कविता और भुला दिए गए,
सिर्फ़ एक याद रहा,
कवि वो एकाकी, अनश्वर,
कोई नहीं उसका समतुल्य या सखा,
इसकी बनिस्बत मुझे ज़ियादा पसंद है,
नौ सौ निन्यानवे कवियों की 'सहोदरता'

कम-अज़-कम उर्दू का ये ख़्वाब पूरा होते मैं देख रहा हूँ और मुझे यक़ीन है कि इस 'सहोदरता' का दायरा दिनों-दिन बड़ा होता जाएगा और जिस समाज का ख़्वाब हम देखते हैं, उसके हक़ में ये तमाम शाइ'र अपनी शाइ'री के साथ हमेशा खड़े रहेंगे। धूमिल की ये पंक्तियाँ ध्यान रहें :-

"तुम मेरी चिंता मत करो, उनके साथ चलो
इससे पहले कि वे ग़लत हाथों के हथियार हों,
इससे पहले कि वे नारों और इश्तिहारों से काले बाज़ार हों,
उनसे मिलो, उन्हें बदलो"

संग्रह के लिए ढेर सारी शुभकामनाओं सहित

अभिषेक शुक्ल

8 अक्टूबर 2019, लखनऊ

फ़ेह्‌रिस्त

ग़ज़लें

कुलदीप कुमार

कुलदीप कुमार का जन्म 10 अगस्त, 1987 को मानपुर (मध्य प्रदेश) में हुआ। आपने बी.ई. (इलेक्ट्रॉनिक्स एंड कम्युनिकेशन्स) और एम. ए. (हिन्दी) किया है। आप 'मध्य प्रदेश भूमि रिकॉर्ड और राजस्व विभाग' में कार्यरत हैं।

राह-ए-इ'श्क़ में इतने तो बेदार[1] थे हम
हिज्र[2] आएगा पहले ही तय्यार थे हम
1.जाग्रत 2.जुदाई

शह्र बसे थे मीलों तक उसकी जानिब[1]
एक मुसल्सल[2] जंगल था जिस पार थे हम
1.तरफ़ 2.निरंतर

हम पे रंग-ओ-रोग़न क्या तस्वीरें क्या
घर के पिछले हिस्से की दीवार थे हम

शाम से कोई भीड़ उतरती जाती थी
इक कमरे के अंदर भी बाज़ार थे हम

एक कहानी ख़ुद ही हमसे आ लिपटी
क्या मा'लूम कि कब इसके किर्दार थे हम

आज हमारे मातम में ये चर्चा था
इक मुद्दत से तन्हा थे बीमार थे हम

क्या अब इ'श्क़ में वैसी वहशत मुम्किन है
जैसे पागल इ'श्क़ में पहली बार थे हम
1.दीवानगी

ऐसा नहीं कि वस्ल[1] का लम्हा न आएगा
लेकिन इस इंतिज़ार के जैसा न आएगा

1.मिलन

ये लब ही क्या ये आँखें भी अब पूछने लगीं
इस रास्ते में क्या कोई दरिया न आएगा

बैठे रहो उदास यूँ ज़ुल्फ़ों को खोल कर
इस रुत में तो हवाओं का झोंका न आएगा

पहले से हम बता दें कि आएगा सारा जिस्म
दिल तुम पे आएगा तो अकेला न आएगा

आए नहीं कि करने लगे लौटने की बात
तुम ही बताओ ऐसे में ग़ुस्सा न आएगा

बस्ती के सारे बच्चों को कैसे बताऊँ मैं
अब वो खिलौने बेचने वाला न आएगा

सो जाओ ऐ दरख़्तो! कि ढलने लगी है रात
छोड़ो उमीद अब वो परिन्दा न आएगा

मिले बिना ही बिछड़ने के डर से लौट आए
अ'जीब ख़ौफ़ में हम उसके दर से लौट आए

न ऐसे रोइए नाकामी-ए-मोहब्बत[1] पर
ख़ुशी मनाइए ज़िंदा भँवर से लौट आए
1.प्रेम की असफलता

लब उसके सामने थे और हमने चूमे नहीं
समझ लो पाँव उठे और दर से लौट आए

अभी तो वक़्त है सूरज के डूबने में तो फिर
ये क्या हुआ कि परिंदे सफ़र से लौट आए

किसी भी तर्ह ये दुनिया न छोड़ पाए हम
कि जब भी निकले तिरी रहगुज़र से लौट आए

ये किसकी धुन थी जो दीवार-ओ-दर न पहचाने
ये किस ख़याल में अपने ही घर से लौट आए

तस्कीन[1] वो न रह्म न हर्फ़-ए-दुआ[2] से थी
जो मुझ गुनाहगार-ए-वफ़ा को सज़ा से थी
1.सुकून 2.प्रार्थना के शब्द

उससे बिछड़ रहा हूँ तो क्यों रो रहा हूँ मैं
इस बात की ख़बर तो मुझे इब्तिदा[1] से थी
1.आरंभ

अबके बचा सकी न मेरी ख़ामुशी मुझे
इस बार मेरी जंग किसी हमनवा से थी

हमने भी बार-ए-ग़म[1] को मुक़द्दर समझ लिया
कुछ रोज़ तक हमें भी शिकायत ख़ुदा से थी
1.दुख का बोझ

हिज्र-ओ-विसाल[1] दोनों ही शर्तों में तय थी मौत
हम थे चराग़ हमको मोहब्बत हवा से थी
1.जुदाई और मिलन

आप ही फ़न[1] का परस्तार[2] समझते हैं मुझे
वर्ना ये लोग तो फ़नकार[3] समझते हैं मुझे

1.कला 2.पूजने वाला 3.कलाकार

उलझनें ले के चले आते हैं बस्ती के मकीं[1]
कितने नादाँ हैं समझदार समझते हैं मुझे

1.निवासी

मेरे चुप रहने पे पत्थर मुझे कहने वाले
मेरे रोने पे अदाकार समझते हैं मुझे

धूप निकलेगी तो इन सबके भरम टूटेंगे
ये जो सब साया-ए-दीवार समझते हैं मुझे

हाँ मैं बीमार हूँ पर ग़म मुझे इस बात का है
घर के सब लोग भी बीमार समझते हैं मुझे

वक़्त के चाक पे तख़्लीक़[1] नई चाहती है
ज़िन्दगी और ज़रा कूज़ागरी[2] चाहती है
1.निर्माण 2.मिट्टी के बर्तन बनाने का काम

एक दहलीज़ है जो पाँव पकड़ लेती है
एक लड़की है कि जो अपनी ख़ुशी चाहती है

प्यास का खेल दिखाने में कोई हर्ज नहीं
मस'अला ये है कि इस बार नदी चाहती है

इ'श्क़ परवान पे है आओ बिछड़ जाएँ हम
ये तकाज़ा भी है दुनिया भी यही चाहती है

तुम्हारे होठों से बुझने को जलना पड़ता है
तुम्हारी आरज़ू हो तो मचलना पड़ता है

हमीं बुझाते हैं लौ पहले सब चराग़ों की
फिर उन चराग़ों के हिस्से का जलना पड़ता है

फिर इन्तिज़ार भी तो करना होता है तेरा
मुझे तो वक़्त से पहले निकलना पड़ता है

मैं हार जाता हूँ उन दो उदास आँखों से
मुझे सफ़र का इरादा बदलना पड़ता है

अभिनंदन पांडे

अभिनंदन पांडे का जन्म 29 जून, 1988 को पटना (बिहार) में हुआ। आप सॉफ्टवेयर इंजीनियर हैं, देश-विदेश में नौकरी करने के पश्चात अभी आप फ्रीलांसर हैं और वर्तमान में नोएडा (उत्तर प्रदेश) में निवास कर रहे हैं।

ख़ुशनुमा धुन पे रक़म[1] दर्द के नग़मात[2]-सा था
वक़्त-ए-रुख़्सत[3] भी जुनूँ[4] पहली मुलाक़ात-सा था
1.अंकित 2.गीत 3.विदाई के समय 4.उन्माद

जिस्म के दश्त[1] में रक़्साँ[2] थे महकते हुए ज़ख़्म
कल शब-ए-हिज्र[3] का आ'लम शब-ए-बारात-सा[4] था
1.जंगल 2.नाचते 3.जुदाई की रात 4.बारात की रात

दिल के दरिया में थिरकता था तिरी याद का चाँद
शब के होंटों पे तिरा ज़िक्र मुनाजात-सा था
1.स्तुति-गान

मैं तो इक उ'म्र फ़क़त[1] उसके तआ'क़ुब[2] में रहा
जो मिरी ज़ात में मौजूद तिरी ज़ात-सा था
1.केवल 2.पीछा करना

लम्स-ए-आख़िर[1] मिरे कश्कोल-ए-बदन[2] की ख़ातिर
एक मुफ़्लिस[3] को मयस्सर[4] हुई ख़ैरात[5]-सा था
1.अंतिम स्पर्श 2.शरीर रूपी भिक्षा-पात्र 3.ग़रीब 4.प्राप्त 5.दान

मैं तिरे शोख़ लबों पर तो अभी आया हूँ
इस से पहले तिरी आँखों में सवालात-सा था

जगमगाते हुए जुगनू न ज़ियाँ[1] होता चराग़
रात में कुछ भी न था जिस को कहें रात-सा था
1.नुक़्सान, कम होना

तर्तीब-ओ-तवाज़ुन[1] का न तोड़ेंगे भरम हम
इक रोज़ सफ़-ए-दह्र[2] से हो जाएँगे कम हम
1.क्रम और संतुलन 2.दुनिया की पंक्ति

ऐ शाख़-ए-तमन्ना[1] तुझे तन्हा नहीं करते
ख़ंजर तुझे पड़ते हैं प होते हैं क़लम[2] हम
1.चाहत की डाली 2.कटना

उसने तो यूँ ही पूछ लिया था कि कोई है
महफ़िल में उठा शोर ब-यक-लख़्त[1] कि हम हम
1.एकदम

मौसम भी कुछ ऐसा है कि ढलने नहीं देता
कुछ तेरे तरफ़दार भी हैं शाम-ए-अलम हम
1.दुख की शाम

ज़ंजीर-ए-गिराँ-बार[1] है शाख़-ए-रग-ए-जाँ[2] अब
मुश्किल से चलेंगे भी तो दो-चार क़दम हम
1.भारी ज़ंजीर 2.प्राण रूपी नाड़ी की शाख़

सीने में दबी रखते हैं भूली हुई इक शक्ल
पलकों पे उठा रखते हैं बार-ए-शब-ए-ग़म[1] हम
1.दुख की रात का बोझ

मुद्दआ' जो ज़ेहन से उट्ठा था वो बेजा[1] न था
दिल बहुत मा'सूम था दिल अ'क़्ल-पर्वर्दा[2] न था

1.ग़लत 2.बुद्धि का पाला हुआ

मैं तिलिस्म-ए-रौशनी[1] से खा रहा था क्यों फ़रेब
धूप थी तू था मिरा अपना कोई साया न था

1.रौशनी का जादू

जंगलों ने कर लिया तस्लीम[1] जाने क्यों गुनाह
ऐ जहान-ए-नौ[2] तिरा इल्ज़ाम तक पुख़्ता[3] न था

1 स्वीकार 2.नई दुनिया 3.मज़बूत

रक़्स[1] करते-करते इक दिन ख़ाक हो जाएँगे हम
रंज[2] फ़रमाएगा इस दर्जा जुनूँ[3] सोचा न था

1.नाच 2.दुख 3.उन्माद

मैं शुरू'-ए-इ'श्क़[1] में हल करने वाला था इसे
मस्अला रूह-ओ-बदन[2] का इतना पेचीदा[3] न था

1.प्रेम का आरंभ 2.आत्मा और शरीर 3.उलझा हुआ

जब यहाँ रहने के सब अस्बाब[1] यकजा[2] कर लिए
तब खुला मुझ पर कि मैं दुनिया का बाशिन्दा न था

1.सामान 2.इकट्ठा 3.व्यक्ति

रफ़्ता-रफ़्ता[1] मौत की जानिब[2] बढ़ा क्यों हर कोई
ज़िन्दगी में क्या बुरा था ज़िन्दगी में क्या न था

1.धीरे-धीरे 2.तरफ़

वक़्त के बोसीदा[1] काग़ज़ पे रक़म[2] होने को है
लम्हा-ए-मौजूद[3] अगले पल जो कम होने को है
1.फटा-पुराना 2.अंकित 3.वर्तमान क्षण

मेरी वहशत[1] से कभी सैराब था दश्त-ए-जुनूँ[2]
अब मिरी दीवानगी का सर क़लम होने को है
1.दीवानगी 2.उन्माद का जंगल

ज़ेह्न कहता है ज़ियादा वक़्त लेगा कार-ए-इ'श्क़[1]
दिल तो कहता है अजी बस एक दम होने को है
1.प्रेम का कार्य

इक नया तर्ज़-ए-सितम[1] ईजाद[2] करना है उसे
इक नई तरकीब से मुझ पे सितम होने को है
1.अत्याचार की शैली 2 अविष्कृत

ऐ ख़ुदा-ए-मयकदा[1]! मेरी मदद को जल्द आ
तेरा बंदा आशिक़-ए-दैर-ओ-हरम[2] होने को है
1.शराबख़ाने का ईश्वर 2.मंदिर-मस्जिद का प्रेमी

ज़िन्दगी कुछ रोज़ से क्यों मेह्रबाँ है बे-सबब[1]
क्या किसी आशोब[1] का हम पे करम होने को है
1.बिना किसी कारण 2.उपद्रव

खींच लाई जानिब-ए-दरिया[1] हमें भी तिश्नगी[2]
अब गुलू-ए-ख़ुश्क[3] का ख़ंजर पे रम होने को है
1.दरिया की तरफ़ 2. प्यास 3 सूखा गला

चलो फ़रार-ए-ख़ुदी[1] का कोई सिला तो मिला
हमीं मिले नहीं उसको हमें ख़ुदा तो मिला
1.अहंभाव से छुटकारा 2.बदल

नशात-ए-क़र्या-ए-जाँ[2] से जुदा हुई ख़ुश्बू
सफ़र कुछ ऐसा है अबके कोई मिला तो मिला
1.प्राण रूपी गाँव का आनंद

हमारे बा'द रिवायत[1] चली मोहब्बत की
निज़ाम-ए-आलम-ए-हस्ती[2] को फ़लसफ़ा[3] तो मिला
1.परंपरा 2 जीवन रूपी संसार का क़ानून 3.दर्शन

सवाल आ गए आँखों से छन के होंटों पर
हमें जवाब न देने का फ़ायदा तो मिला

ये आह-ओ-गिर्या-ओ-ज़ारी[1] कहीं तो काम आई
हवा-ए-दश्त[2] को पानी का ज़ाइक़ा[3] तो मिला
1.रोना-धोना 2.जंगल की हवा 3.स्वाद

नमाज़-ए-अ'स्र नहीं पढ़ सकी मिरी वहशत[2]
जुनून-ए-इ'श्क़[3] को मैदान-ए-कर्बला तो मिला
1.सूर्यास्त से पहले की नमाज़ 2.दीवानगी 3 प्रेम का उन्माद

फिर इसके बा'द बरामद न हो सका कुछ भी
हमारी आँख में जलता हुआ दिया तो मिला

बे-सबब और बा-कमाल हुआ
इ'श्क़ होना था बे-मिसाल हुआ

ले तुझे चूम ही लिया मैंने
जा तिरा हुस्न[1] ला-ज़वाल[2] हुआ

1.सौंदर्य 2.अनश्वर

हमको ये जानना ज़रूरी है
उनसे महशर[1] में क्या सवाल हुआ

1.प्रलय

तुमने ख़ेमे जला के इ'श्क़ किया
हमसे नेज़े पे ये कमाल हुआ

आँख मंज़र[1] पे पड़ के आँख बनी
ख़ून बाहर निकल के लाल हुआ

1.दृश्य

दूरियाँ क़ुर्बतों[1] को छू आईं
हिज्र[2] के रोज़ ही विसाल[3] हुआ

1.निकटता 2.जुदाई 3.मिलन

दिल दश्त[1] है तो अश्क-फ़िशानी[2] करेंगे हम
ये काम बस बरा-ए-रवानी[3] करेंगे हम
1.जंगल 2.आँसू बहाना 3.बहाव के लिए

बैठे हैं शामियाना-ए-शब-रंग[1] में उदास
रंग-ए-रुख़-ए-शफ़क़[2] अभी धानी करेंगे हम
1.काले रंग का शामियाना 2.लालिमा के चेहरे का रंग

पिछले बरस के इ'श्क़ पे हम को यक़ीन था
अगले बरस का इ'श्क़ गुमानी करेंगे हम

चाहें तो इस को तेग़-ए-ख़मोशी[1] से काट दें
लेकिन जुनूँ[2] से जंग ज़बानी करेंगे हम
1.ख़ामोशी की तल्वार 2.उन्माद

ठहरे हैं सैल-ए-हर्फ़-ओ-मआनी[1] में दम-ब-ख़ुद[2]
ज़ाहिर कभी तो दर्द-ए-निहानी[3] करेंगे हम
1.शब्द और अर्थ की बाढ़ 2.मौन 3.छुपा हुआ दर्द

क़ामत[1] पे अपनी नाज़ करे कोह-ए-शाम-ए-ग़म[2]
घबरा के आज मर्सिया-ख़्वानी[3] करेंगे हम
1.ऊँचाई 2.दुख की शाम का पर्वत 3.शोक-गीत पढ़ना

दरिया की सम्त भागते जाएँगे सारी उ'म्र
आख़िर में अपनी प्यास को पानी करेंगे हम

इम्तियाज़ ख़ान

इम्तियाज़ ख़ान का जन्म 20 मई, 1989 को मेवात (हरियाणा) में हुआ। इम्तियाज़ ने बी.टेक. (कंप्यूटर साइंस) की पढ़ाई की है। आप दिल्ली मेट्रो में असिस्टेंट स्टेशन कंट्रोलर हैं और दिल्ली में रहते हैं।

साँसों का ज़ह्र है कि पिए जा रहे हैं हम
मन तो नहीं है फिर भी जिए जा रहे हैं हम

तुम दिन की सल्तनत[1] पे करो हुक्मरानियाँ[2]
रातें तो अपने साथ लिए जा रहे हैं हम
1.राज्य 2.शासन

तुझको हमारे इ'श्क़ पे कब आएगा यक़ीं
सदियों से इम्तिहान दिए जा रहे हैं हम

जिसका था इन्तिज़ार वो आकर चला गया
अब किसका इन्तिज़ार किए जा रहे हैं हम

पहला किसी का इ'श्क़ था, दूजा है शाइ'री
दो हादसों को एक किए जा रहे हैं हम

ऐ शह्र-ए-नामुराद[1]! मुबारक कि अबकी बार
वापस न लौटने के लिए जा रहे हैं हम
1.बदनसीब शह्र

गर एक बार भी उस बुत को याद आ जाता
मैं अपने आप से करके जिहाद[1] आ जाता

1.धर्मयुद्ध

किसी हसीन की बाँहें थी, रात थी, मैं था
बहक गया था अगर तू न याद आ जाता

हमारे ख़्वाब तो इस बात पर भी राज़ी थे
तिरे ही जैसा कोई तेरे बा'द आ जाता

निगाह फेर के कहता था जो भी कहता था
बताओ कैसे हमें ए'तिमाद आ जाता

1.विश्वास

ये इज़्तिराब[1] की मेहमाँ-नवाज़ियाँ[2] कब तक
क़रार-ए-दिल[3] भी कभी नामुराद आ जाता

1 बेचैनी 2.अतिथि-सत्कार 3.दिल का चैन

हमारे सच ने उसे बदगुमाँ[1] किया हमसे
जो झूट कहते, उसे ए'तिमाद[2] आ जाता

1.बुरी धारणा रखने वाला 2.विश्वास

ये इम्तियाज़-ए-यक़ीन-ओ-गुमाँ[1] मिटाने को
कभी तो सामने वो ख़्वाबज़ाद[2] आ जाता

1.विश्वास और भ्रम का भेद 2 सपने में आने वाला

तिरे ख़याल की हवा चली, उदास कर गई
अभी-अभी की बात है अभी उदास कर गई

तिरे फ़िराक़[1] में ये हम पे फ़र्ज़ था रहें उदास
कभी हँसी भी आई तो हँसी उदास कर गई
1.जुदाई

जनाब-ए-मन! जो आप यूँ हँसी-हँसी में कह गए
वो बात दिल पे इस तरह लगी उदास कर गई

उन आँखों से बरस रही थीं इस क़दर उदासियाँ
कि उसकी हमसे बस नज़र मिली, उदास कर गई

अ'जीब हम कि हम अज़ल[1] से तीरगी पसन्द हैं
अ'जीब हम कि हमको रौशनी उदास कर गई
1 सृष्टि का आरंभ

कहाँ-कहाँ न ज़िन्दगी को ढूँढ़ते फिरे हैं हम
जहाँ-जहाँ भी ज़िन्दगी मिली, उदास कर गई

तुम्हारे बा'द मौसमों का इम्तियाज़[1] मिट गया
ख़िज़ाँ[2] का ज़िक्र क्या बहार भी उदास कर गई
1.भेद 2.पतझड़

सदा-ए-दिल[1] पे ग़ौर कर क़रीब आ क़रीबतर[2]
ऐ ख़ुशख़िराम-ओ-ख़ुशबदन[3] ऐ ख़ुशबयान-ओ-ख़ुशनज़र[4]

1.दिल की आवाज़ 2.अधिक निकट 3.सुंदर चाल और शरीर वाला 4.सुंदर वाणी और दृष्टि वाला

है दिल बदन का बादशाह, ख़िरद[1] फ़क़त[2] वज़ीर[3] है
ख़िरद के मशवरे न मान, दिल की सुन, विसाल कर

1.बुद्धि 2.केवल 3.मंत्री 4.मिलन

समाअ'तों[1] को हुक्म हो कि राह में खड़ी मिलें
सदाएँ[2] तो निकल चुकी हैं अपने घर को छोड़ कर

1 श्रवण-शक्ति 2.आवाज़ें

तू जा चुका है ना! तो फिर वहीं पे रह जहाँ पे है
मेरे शिकस्ता[1] ज़ेहन-ओ-दिल की वादियों से मत गुज़र

1.टूटा हुआ

ज़मीन पर क़दम तो रख उतर के आस्मान से
कि दिलख़राश[1] काम हो रहे हैं तेरे नाम पर

1.दिल दुखाने वाले

तिरी क़सम तिरे बिना यहाँ पे सब उदास हैं
घटाएँ, झील, इम्तियाज़, बारिशें, हवा, शजर[1]

1.पेड़

दिल-ए-शिकस्ता[1] की नीमजाँ[2] ख़्वाहिशों को जीना सिखा रही है
निगाह-ए-अफ़्सूँ-बयान[3] उसकी बुतों से सज्दा[4] करा रही है

1.टूटा हुआ दिल 2.अर्धजीवित 3.जादूभरी आँखें 4.प्रार्थना

ये फूल-ख़ुशबू ये चाँद-तारे ये गिरती बूँदें ये अब्र-पारे[1]
सब उसकी आमद[2] के मुन्तज़िर[3] हैं वो ख़ुद को सबसे छुपा रही है

1.बादल के टुकड़े 2.आगमन 3.प्रतीक्षारत

ये चाँदनी में नहाया दरिया ये महफ़िल-ए-शब[1] भी ख़ूब लेकिन
मैं चाँद पर जा रहा हूँ मुझको वो इक ज़ई'फ़ा[2] बुला रही है

1.रात की सभा 2. बुढ़िया

जो रेग-ए-दिल[1] पे लिखा है उसको दुखों का पानी मिटा न डाले
मैं ख़्वाब देखे ही जा रहा हूँ ये आँख बरसे ही जा रही है

1.दिल की रेत

कभी ख़मोशी कभी तबस्सुम[1] कभी ख़्यालों की धुन्द में गुम
मेरी उदासी तो हर क़दम पर क़बा[2] बदलती ही जा रही है

1.मुस्कान 2.वस्त्र

वो ख़ुश-बयाँ[1] 'इम्तियाज़' वो लफ़्ज़-लफ़्ज़ जादू चलाने वाला
वो कल मिला था तो कह रहा था ख़मोशी अन्दर से खा रही है

1.मधुर-भाषी

जो गुफ़्तगू[1] की उड़ान भरते उन्हीं परिन्दों को छीन लेगा
वो तुमसे यूँ हमकलाम[2] होगा कि सारे लफ़्ज़ों को छीन लेगा

1.बातचीत 2.साथ बात करने वाला

हमें भी दीदार[1] की हवस[2] थी हम अपनी आँखें गँवा चुके हैं
उधर न देखो उधर का मन्ज़र[3] तुम्हारी आँखों को छीन लेगा

1.दर्शन 2.लालसा 3 दृश्य

किसी की झोली में ज़िन्दगी है किसी के कासे[1] में मौत लेकिन
गुमान तक भी नहीं था हमको कि हमसे दोनों को छीन लेगा

1.भिक्षा-पात्र

मिलन की ख़ुशरंग[1] साअ'तों[2] से कुछ एक शामें करेगा रौशन
फिर ऐसी रातें अ'ता[3] करेगा कि सारी सुब्हों को छीन लेगा

1.अच्छे रंग वाला 2.पलों 3.प्रदान

वही उदासी-शनास[1] लहजा मिरे कलेजे के पार होगा
वही पुराना सवाल उसका मिरे जवाबों को छीन लेगा

1.उदासी पहचानने वाला

ये देख! मैं हर गुज़रता लम्हा तिरी ही धुन में गुज़ारता हूँ
तू बोलता था कि मुझसे भी वक़्त तेरी यादों को छीन लेगा

क्या दर्द से गिला कि मुक़द्दर का हो गया
जब दिल ही अपना तेग़-ए-सितमगर[1] का हो गया
1.अत्याचारी की तल्वार

तू तो वो है जो अपने लिए भी नहीं रुका
तू किसके इन्तिज़ार में पत्थर का हो गया

मुब्हम-सा[1] एक दर्द मेरे दिल में कल की रात
इतना बढ़ा कि दिल के बराबर का हो गया
1.अस्पष्ट

कोई मसर्रतों[1] के जज़ीरे[2] पे महव-ए-रक़्स[3]
कोई उदासियों के समुन्दर का हो गया
1.ख़ुशियों 2.टापू 3.नृत्य में लीन

उस तेग़[1] को सलाम जो सीने के आर-पार
उस तीर को दुआ जो मेरे सर का हो गया
1.तल्वार

आफ़्ताब शकील

आफ़्ताब शकील का जन्म 29 जनवरी, 1990 को शेरकोट, जिला बिजनौर (उत्तर प्रदेश) में हुआ। आपने मैट्रिक तक शिक्षा प्राप्त की है और वर्तमान में सऊदी अरब में एक कंपनी में बतौर इलेक्ट्रीशियन काम कर रहे हैं।

दिल को ख़ामोशी का ढब इतना भला लगता है
मैं अगर बोल पड़ूँ, ख़ुद को बुरा लगता है

भीगते जिस्म को साँसों की हवा से मत फूँक
गीले ईंधन का धुआँ आँखों में आ लगता है

प्यास आई है गले से यूँ निगाहों में मिरी
सुर्ख़ पत्थर मुझे पानी का घड़ा लगता है
1.लाल

इ'श्क़ बर्ताव से मा'सूम-सा ज़िद्दी बच्चा
मेरा ये मानना है, आप को क्या लगता है?

ख़ूबियाँ सब में ही होती हैं कम-ओ-बेश[1] मगर
लोग मर जाते हैं तब जा के पता लगता है
1.कम-अधिक

मेरे हर बार गले लगने को चाहत न समझ
आदमी थक के भी दीवार से जा लगता है

सदा-ए-कुन[1] से हुई पहली वारदात[2] में हूँ
मैं बहता वक़्त हूँ सदियों से कायनात[3] में हूँ
1.वह ईश्वरीय ध्वनि जिससे सृष्टि की रचना हुई 2.घटना 3.संसार

तिरे बग़ैर तो दिल को अजब सहूलत[1] है
बिछड़ते वक़्त लगा था मैं मुश्किलात में हूँ
1.आसानी

पुराने रब्त[1] को तोड़ा, नए की राह बनी
किसी को छोड़ के आया तो तेरे साथ में हूँ
1.संबंध

मैं नस्ल-ए-आदम-ओ-हव्वा[1] के बख़्त[2] का गिर्या[3]
नमी-पसन्द हूँ, जब तक भी अपनी ज़ात में हूँ
1.मनुष्य-जाति 2.भाग्य 3.रुदन

यक़ीन कर वो तिरी ख़ूब-रू[1] मोहब्बत है
ख़ुदा के बाद मैं जिस नाज़नीं[2] के हाथ में हूँ
1.सुंदर 2. सुंदरी

दिल उसके बा'द इस तक्लीफ़ में उलझा रहेगा
कि इसके साथ ख़ल्वत[1] का रवैया क्या रहेगा
1.एकांत

तिरे मिलने से इतना तो भरोसा हो चला है
मिरे भी नाम का हर शब[1] दिया जलता रहेगा
1.रात

मैं इक दुनिया बसाऊँगा मिरे बस में हुआ तो
जहाँ औ'रत का दर्जा मर्द से ऊँचा रहेगा

मिरे ख़ामोश चेहरे पर, मिरी आँखों का पानी
जहाँ जंगल हो ज़ाहिर है वहाँ दरिया रहेगा

तू हासिल हो न हो इस इ'श्क़ में आराम तो है
ये शजरा फल न दे पर छाँव तो देता रहेगा

तिरे दिल से उतरकर ये तसल्ली दी है ख़ुद को
कोई भी रंग हो दीवार पर कितना रहेगा

सदा[1] आती है अब भी नक़्द-ए-जाँ[2] से
वो रुख़्सत हो नहीं पाया गुमाँ[3] से
1.आवाज़ 2.प्राण रूपी धन 3.शंका

तिरे इंकार में दिल की ख़ुशी थी
बहुत दुख दिल को पहुँचा तेरी हाँ से

अभी से है कमी दरपेश[1] उसकी
गया अब तक नहीं जो दर्मियाँ से
1.उपस्थित

उसे बहला रहे हैं अहद-ओ-पैमाँ[1]
जिसे आराम मिलना है फ़ुग़ाँ[2] से
1.वचन 2.आर्तनाद

पिला कर ज़ह्र मुझको आजिज़ी[1] का
बरी हो जाइए हर इम्तिहाँ से
1.विनम्रता

अ'जब मा'मूल[1] है आवारगी का
गरेबाँ झाँकती है हर गली का
1.रोज़ का नियम

न जाने किस तरह कैसे ख़ुदा ने
भरोसा कर लिया था आदमी का

मैं मिट्टी गूँध कर ये सोचता हूँ
मुझे फ़न आ गया कूज़ागरी का
1.बर्तन बनाने का काम

खटक जाऊँगा सोफ़े को तुम्हारे
मैं बंदा बैठने वाला दरी का

मैं उस मंज़र[1] में पाया ही गया कब
जहाँ भी ज़ाविया[2] निकला ख़ुशी का
1.दृश्य 2.कोण

समुंदर जिसकी आँखों का हो ख़ाली
वो कैसे ख़्वाब देखे जलपरी का

निकालो कील को दीवार में से
वगरना टाँग लो फ़ोटो किसी का

इ'श्क़ की उ'म्र जब उछाल की थी
क्यों तमन्ना तुझे ज़वाल[1] की थी
1.पतन

दो-टका था मिरे जवाब का मोल
धूम हर सू[1] तिरे सवाल की थी
1 तरफ़

दिल जो टूटा तो याद आया हमें
चीज़ ये कितने देखभाल की थी

था बड़ा हिज्र[1] का मलाल[2] मगर
क्या करूँ बात ही मलाल की थी
1.जुदाई 2.दुख

अच्छे दिन वो भी अब मियाँ जाओ
ये कहानी तो पिछले साल की थी

साथ ले आया अपने ख़ामोशी
आरज़ू जिस को बोलचाल की थी

दस्त-बरदार[1] न हो इ'श्क़ की लज़्ज़त[2] से अभी
लुत्फ़-अन्दोज़[3] है दिल देख तिरी लत से अभी

1.विरक्त 2.आनंद 3.आनंदित

बैठकर सहन[1] में बारिश का मज़ा बरहक़[2] है
पर हाँ..! कपड़े भी तो लाने हैं तुम्हें छत से अभी

1.आँगन 2.सच

ऐन मुम्किन है मोहब्बत का हवाला देकर
मैं तिरे पास चला आऊँ ज़रूरत से अभी

इस के रस्तों में भी बल तेरे बदन जैसे हैं
मैनें देखा है तिरे गाँव को पर्वत से अभी

राहुल झा

राहुल झा का जन्म 13 फ़रवरी, 1991 को दरभंगा (बिहार) में हुआ। आप बी.टेक. (इलेक्ट्रॉनिक्स) हैं और एक बहुराष्ट्रीय कंपनी में आई.टी. प्रोफ़ेशनल हैं। आपका वर्तमान निवास दिल्ली है।

अबके बिखरा तो मैं यकजा[1] नहीं हो पाऊँगा
तेरे हाथों से भी वैसा नहीं हो पाऊँगा

1.इकट्ठा

मुझको बीमार करेगी तिरी आ'दत इक दिन
और फिर तुझसे भी अच्छा नहीं हो पाऊँगा

अब मिरी ज़ात में बस एक की गुंजाइश है
मैं हुआ धूप तो साया नहीं हो पाऊँगा

तू बड़ी देर से आया मुझे ज़िंदा करने
अब नमी पा के भी सब्ज़ा नहीं हो पाऊँगा

1.हरा

मुझमें इतनी नहीं तासीर[1] मसीहाई की
ज़ख़्म भर सकता हूँ, ई'सा नहीं हो पाऊँगा

1.प्रभाव

इन दिनों अ'क़्ल की चलती है हुकूमत दिल पे
मैं जो चाहूँ भी तुम्हारा नहीं हो पाऊँगा

इतना आबाद है तुझसे मिरे अंदर का शह्र
तुझसे बिछड़ा भी तो सहरा[1] नहीं हो पाऊँगा

1.मरुस्थल

था कोई शख़्स हँसी जिसको सिवा[1] आती थी
जब वो हँसता था, बुलाने की सदा[2] आती थी

1.अधिक 2.आवाज़

इक मोहब्बत ही तो आती थी हमें सबकी तरह
और यही शै हमें औरों से जुदा आती थी

वो भी क्या ख़ूब मसीहा था कि उसने हमको
उतना बीमार किया जितनी शिफ़ा आती थी

1. स्वस्थ करना

घर में आती थी मनाने के लिए तन्हाई
रूठ के बैठूँ जो बाहर तो घटा आती थी

उसकी अंगड़ाई से वाबस्ता[1] सब अश्आ'र[2] पे ख़ाक
या'नी मफ़हूम[3] पे लानत, मिरी गुफ़्तार[4] पे ख़ाक
1.संबंधित 2 शे'र का बहुवचन 3 अर्थ 4.बातचीत

मैंने क़दमों में तिरे अपना ये सर डाल दिया
सोच मत, डाल दे तू भी मिरे पिन्दार[1] पे ख़ाक
1.अभिमान

दुख की हस्ती नहीं इक कार-ए-बयाँ[1] तक महदूद[2]
ऐ मिरे दोस्त, तिरी क़ुव्वत-ए-इज़हार[3] पे ख़ाक
1.चर्चा का कार्य 2.सीमित 3.ज़ाहिर करने का सामर्थ्य

जिसको देखो लब-ओ-रुख़्सार[1] के सज्दे[2] में है
एक इक दिल की हुक़ूमत के गिरफ़्तार पे ख़ाक
1.होंठ और गाल 2.प्रार्थना

डूब जाएँगे किनारा न करेंगे उससे
दिल की हिम्मत को दुआ, अ'क़्ल की पतवार पे ख़ाक

रंग लाती भी तो किस तौर जबीं-साई[1] मिरी
जब ख़ुद उसको न थी दरकार[2] शनासाई[3] मिरी

1.माथा रगड़ना 2.आवश्यक 3.जान-पहचान

ये मिरी चीज़ है सो इसका भरोसा है मुझे
ख़ुद मिरे काम न आएगी मसीहाई मिरी

उसने इक बार तो झाँका भी था मुझ में लेकिन
उस से देखी न गई वुस्अ'त-ए-तन्हाई[1] मिरी

1.अकेलेपन का विस्तार

तुम ये क्या सोच के गुज़री थी मिरे माज़ी[1] से
तुम ये क्या सोच के शादाबी[2] उठा लाई मिरी

1.अतीत 2.हरियाली

बह्र-ए-पायाब[1] समझ के यहाँ उतरो न अभी
मेरा दिल ख़ुद भी नहीं जानता गहराई मिरी

1.उथला समन्दर

तेरी ख़ुश्बू तिरी तासीर[1] जुदा है मुझसे
तेरी मिट्टी से न हो पाएगी भरपाई मिरी

1.प्रभाव

वस्ल[1] की रुत हो कि फ़ुर्क़त[2] की फ़ज़ा मुझसे है
इ'श्क़ की राह में सब अच्छा-बुरा मुझसे है

1.मिलन 2.जुदाई

ये हक़ीक़त है कि तुझसे है मिरा होना मगर
बन्दगी[1] मेरी है सो तू भी ख़ुदा मुझसे है

1.पूजा

तू तो बस छोड़ गया था मिरे सीने में इसे
तेरी फ़ुर्क़त[1] का मगर ज़ख़्म हरा मुझसे है

1.जुदाई

मेरे ही होने से तारी[1] है दिवानों पे जुनून[2]
तेरे नज़दीक भी ये रक़्स-ए-हवा[3] मुझसे है

1.छाया हुआ 2.उन्माद 3.हवा का नाच

वर्ना एक तज्रबा-ए-दीद[1] ही काफ़ी होता
मेरी ही आँख मगर खौफ़ज़दा मुझसे है

1.दर्शन का अनुभव 2.भयभीत

मैंने बख़्शा है तुझे ये गुल-ए-ताज़ा[1] का शबाब[2]
ये नई ख़ुश्बुएँ ये रंग नया मुझसे है

1.ताज़ा फूल 2 यौवन

मुझसे हासिल था तिरे जिस्म के धागे को कपास
किस तरह सोचता है तू कि जुदा मुझसे है

वस्ल[1] के मर्हले[2] से हिज्र की मन्ज़िल की तरफ़
इ'श्क़ में बढ़ रहे हैं आख़िरी मुश्किल की तरफ़

1.मिलन 2.पड़ाव 3.जुदाई

लाख समझाता हूँ उसको मैं, मगर होते ही शाम
एक हसरत[1] चली आती है मिरे दिल की तरफ़

1.इच्छा

बे-नियाज़ाना[1] तिरी ओर चले तो थे पर अब
ग़ौर से देखते हैं हसरत-ए-हाइल[2] की तरफ़

1.स्वछंदतापूर्वक 2. वह इच्छा जो बाधा बनकर खड़ी हो

शह्र का शह्र है आशोब[1] की ज़द[2] में, सो यहाँ
किसको फ़ुर्सत है कि देखे हक़-ओ-बातिल[3] की तरफ़

1.उपद्रव 2.सीमा 3.सच और झूट

खुलना मुश्किल था पर इस बार खुले थे हम पर
रात बीनाई[1] के असरार[2] खुले थे हम पर
1.दृष्टि 2.रहस्य

बंदा-ए-इ'श्क़[1] हुए तो यह ग़ज़ब भी देखा
हुस्न के कूचा-ओ-बाज़ार खुले थे हम पर
1 .प्रेमी-मनुष्य

तेरी सोहबत[1] में हमें हिज्र[2] से वहशत[3] भी हुई
साथ रहने के भी आज़ार[4] खुले थे हम पर
1.संगति 2.जुदाई 3.दीवानगी 4.दुख

एक शब[1] जब कहीं कुछ भी न था खुलने वाला
तुझसे जो भी थे सरोकार खुले थे हम पर
1 .रात

नई'म सरमद

नई'म सरमद का जन्म 4 जून, 1992 को मुंडाला, जिला मुरादाबाद (उत्तर प्रदेश) में हुआ। आपने बी.ए. (उर्दू) के साथ क़िर्अत और मौलवीयत (मदरसा जामिया नई'मिया, मुरादाबाद) की ता'लीम भी हासिल की है। आप 'रहगुज़र' नाम से एक यू-ट्यूब चैनल चलाते हैं और वर्तमान में दिल्ली में रहकर लेखन-कार्य कर रहे हैं।

का'बा-काशी, गंगा-जमुना, कूचा और बाज़ार सखी
उसके दो नैनों के आगे सब कुछ है बेकार सखी

उसका माथा हिम पर्बत-सा ऊँचा और चमकीला है
और उसके कोमल अधरों से बहती है रसधार सखी

उसकी ज़ुल्फ़ें काली शब[1] हैं, शाने[2] उगते सूरज से
और ये रातें चूम रही हैं दिन को बारम्बार सखी

1.रात 2.कँधे

श्वेत हिरन के जैसे मेरे पोरे और उसका सीना
शब के जंगल छान रहे हैं पाँचों पक्के यार सखी

इक यूसुफ़[1] है जिसकी ख़ातिर उँगलियाँ काटे बैठी हूँ
एक मसीहा के चक्कर में हो गई हूँ बीमार सखी

1.एक पैग़म्बर जो बहुत सुंदर थे

हम दोनों के यार सखी री ! सब के सब अलबेले हैं
मैं लैला की पक्की सहेली वो मजनूँ के यार सखी

ज़मीन सारे दुखों की जड़ है, मैं इसको ऐसे नहीं बनाता
ज़मीन को आस्माँ बनाता और आस्माँ को ज़मीं बनाता

मैं 'कुन'[1] का क़ाइल नहीं हूँ, मज़दूर हूँ, ज़रा देर तो लगाता
मगर मैं तेरे किए-धरे से बहुत ज़ियादा हसीं बनाता
1.वह ईश्वरीय ध्वनि जिससे सृष्टि की रचना हुई

अ'जब नहीं है कि आदमी को यहाँ भी दोज़ख़[1] वहाँ भी दोज़ख़
अगर मैं रब्ब-ए-करीम[2] होता तो मैं जहन्नम नहीं बनाता
1.नर्क 2.ईश्वर

ये लोग जो 'हाँ' की ज़द[1] में आकर मरे हैं और मारे जा रहे हैं
अगर कुछ इनके लिए बनाता तो इनके मुँह पर 'नहीं' बनाता
1.सीमा

ये ख़ाक मुझपर बिगड़ रही थी, मुझे तो तुम सब ही जानते हो
मैं और ज़ियादा बिगड़ के बोला, "नहीं बनाता नहीं बनाता"

अगर तू है तो ये ज़ेह्नी बीमार क्यों बनाए ? बनाए भी तो
मिरे ही सर पर तो ना बनाता, मिरी बला से कहीं बनाता

हमारे हर फ़ेल[1] की मज़म्मत[2] कि इस पे दोज़ख़ है उस पे जन्नत
तुझे जब इस दर्जा दिक़्क़तें हैं तो क्यों बनाया? नहीं बनाता
1.कार्य 2.निंदा

और उजागर नइं होना है, खुलना है कम-कम दरवेश[1]
लोग बहुत चालाक हैं सो तू बातें कर मुब्हम[2] दरवेश
1.संन्यासी 2.अस्पष्ट

हमको सूरज के साये में चलना है सो ज़िक्र न कर
क्या भूरी क्या काली ज़ुल्फ़ें, क्या ज़ुल्फ़ों के ख़म[1] दरवेश
1.टेढ़ापन

इस बस्ती के लोग हवस के बुत की पूजा करते हैं
आओ नमाज़-ए-इ'श्क़ करें इस बस्ती में क़ायम दरवेश

इक-दूजे से मतलब नइं पर अपना-अपना काम करें
जोबन की ख़ैरात लुटाने वाला तू और हम दरवेश

रात इक चोर मिरे कमरे से चंद किताबें ले भागा
हुलिए-वुलिए से तो साईं लगता था इक दम दरवेश

उनको अपनी मनवानी है और ये सबकी सुनते हैं
या'नी ख़ुदा हैं मौलवी साहब और मियाँ आदम[1] दरवेश
1.मनुष्य

दरवेशी ने दिल दरिया में मारी छलाँग और डूब गई
सारे पागल चीख़ रहे हैं, हम दरवेश और हम दरवेश

इक इंटरव्यू में एच आर ने पूछा सरमद कैसे हैं
हम बोले गर सच पूछो तो सच्चे और निकम्मे हैं

दाने डालने वाला शाइ'र भूक से मर कर दफ़्न हुआ
और इससे अंजान परिंदे अब भी छत पर बैठे हैं

तुझको लगता है कि समय का मरहम घाव भर देगा
मुझको लगता है कि समय के नाख़ुन तेज़ नुकीले हैं

रात है इक आवारा लड़की और मुँहज़ोर बला की है
जाने कहाँ से आई है ये बाल अभी तक गीले हैं

मंज़र-वंज़र कुछ नइं होता बस आँखों का धोका है
डूबता सूरज देखने वाले वक़्त डुबो कर आते हैं

काजल सुरमा लाली दुख की रंगत ढाँप नहीं सकते
फ़ाउंडेशन की ओट से दिखते चेहरे कितने पीले हैं

इक-दो पर ही खुलता है ये भेद वगर्ना ज़ियादातर
सन्नाटों के शोर की बातें करने वाले झूठे हैं

बदन समुन्दर में इ'श्क़ वाले जहाज़ ले कर उतर रहे हो
बदन समुन्दर में इ'श्क़ वाले जहाज़ डूबेंगे देख लेना

वजूद-ओ-मौजूद[1] के ख़राबे[2] में पड़ने वाले ये लोग सारे
अमल[3] मुकम्मल नहीं हुआ तो वजूद ढूँढेंगे देख लेना
1.अस्तित्व और उपस्थित 2.वीराना 3.काम

फ़िराक़[1] इक ख़ौफ़-ए-जाविदानी[2] है इ'श्क़ में और लाज़िमी है
कि उसकी बाँहों में उसकी फ़ुर्क़त[3] के ख़्वाब आएँगे देख लेना
1.जुदाई 2.शाश्वत भय 3.जुदाई

मैं चाहता हूँ कि मुझको आदम[1] समझ के मुझसे मिलें, मगर लोग
अभी तो वहशी समझते हैं फिर ख़ुदा बनाएँगे देख लेना
1.मनुष्य

घिसे-पिटे ज़ावियों[1] के मुन्किर[2], नए लफ़ंडर, जदीद[3] शाइ'र
ज़रा-सी दिल पर लगी तो हिज्र-ओ-विसाल[4] बाँधेंगे देख लेना
1.कोणों 2.इन्कार करने वाले 3.नए 4.जुदाई और मिलन

ये नौजवानाने-शह्र-ए-इ'श्क़[1], इनकी नूर जैसी हँसी सलामत
हम ऐसे लोगों की मौत पर ये चराग़ रोएँगे देख लेना
1.प्रेम-नगर के नवयुवक

बैठेंगे चा बार में चलकर
चाय पिएँगे दोनों क़लन्दर

इस दरवेश की हालत देखो
घर से दफ़्तर, दफ़्तर से घर

इक मैं, इक मैं और इक मैं ख़ुद
गाँधी जी के तीनों बंदर

भारी छातियों वाली भिखारन
शह्‌र का शह्‌र है तेरा गदागर[1]

1 भिखारी

घर से लड़ कर आए होंगे
आग बगूला सोशल वर्कर

तक़्रीरें[1] सुन लेंगे लेकिन
रोटी चाहिए बन्दा परवर

1.भाषण

भाड़ में जाएँ सारे मुसव्विर[1]
भाड़ में जाएँ सारे सुख़नवर[2]

1.चित्रकार 2.कवि

ये पैरहन[1] प पैरहन वबाल[2] है
सो ख़ुद को बे-वबाल कर, विसाल[3] कर

1.वस्त्र 2.मुसीबत 3.मिलन

वजूद-ए-जिस्म-ओ-जाँ[1] से इस्तिफ़ादा[2] कर
ज़रा समय निकाल कर विसाल कर

1.प्राण और शरीर का अस्तित्व 2. किसी से लाभान्वित होना

ये इस्म-ए-कारसाज़[1] है, जुनून पढ़
ये होश पायमाल[2] कर विसाल कर

1.काम बनाने वाला नाम 2.नष्ट

तेरी ये ज़र्द आँखें देख, शर्म कर
तू इन का रंग लाल कर, विसाल कर

1 पीली

विसाल-ए-यार गर हराम है तो सुन
हराम को हलाल कर, विसाल कर

ख़ुदा का हिज्र[1] अस्ल में विसाल है
सो इसमें इन्तिक़ाल[2] कर, विसाल कर

1.जुदाई 2.एक स्थान से दूसरे स्थान पर जाना

फ़िराक़[1] से गुरेज़ कर, गुरेज़ कर
विसाल कर, विसाल कर, विसाल कर

1 .जुदाई

आशु मिश्रा

आशु मिश्रा का जन्म 4 जनवरी, 1992 की दातागंज, बदायूँ (उत्तर प्रदेश) में हुआ। आशु मिश्रा दर्शन-शास्त्र में एम. ए. कर रहे हैं और वर्तमान में बरेली में रह रहे हैं।

हमारे सर पे तब कोई जहाँ होता नहीं था
ज़मीं होती थी लेकिन आस्माँ होता नहीं था

हम अक्सर खेल में हारे हैं उससे इस तरह भी
वहीं पर ढूँढते थे वो जहाँ होता नहीं था

निकलते थे हमारी बात के मतलब हज़ारों
जो कहना चाहते थे वो बयाँ होता नहीं था

मैं ख़ाली वक़्त में टूटे सितारे जोड़ता था
तुम्हारा हिज्र[1] ऐसा राएगाँ[2] होता नहीं था
1.जुदाई 2.व्यर्थ

ख़ुदा भी साथ रहता था हमारे इस ज़मीं पर
ये तब की बात है जब आस्माँ होता नहीं था

हमारी क़ुर्बतें[1] क्या थीं फ़क़त[2] इक वाक़िआ[3] थीं
और ऐसा वाक़िआ जो दास्ताँ होता नहीं था
1.निकटता 2.केवल 3.घटना

बैठना साहिल पे दरिया की रवानी देखना
और ख़ाली वक़्त में फ़िल्में पुरानी देखना

देखना चाहो उदासी में शजर[1] डूबे हुए
तुम परिन्दों की कभी नक़्ल-ए-मकानी[2] देखना
1.पेड़ 2.स्थानांतरण

इन्तिहाई[1] सुख किन्हीं आँखों में मेरे ख़्वाब हों
इन्तिहाई दुख उन्हीं आँखों में पानी देखना
1.अंतहीन

रोज़ सो जाना फ़लक[1] की वुस्अ'तों को ओढ़कर
रोज़ ख़्वाबों में ज़मीं की बेकरानी[3] देखना
1.आकाश 2.फैलाव 3 अनंतता

तय हुआ है आएगा वो मिलने आधी रात को
नीम-शब[1] में आप नूर-ए-कहकशानी[2] देखना
1.आधी रात 2.आकाशगंगा की चमक

सितम[1] में ताब[2] कम हो तो पशेमानी[3] में रहती हैं
मिरे ग़म से मिरी ख़ुशियाँ परेशानी में रहती हैं
1.अत्याचार 2.ज़ोर 3.शर्मिंदगी

तुम्हारी शक्ल इन आँखों में आ जाती है दिन ढलते
ये दोनों सीपियाँ फिर रात भर पानी में रहती हैं

जो दर्द-ए-ज़ख़्म[1] बढ़ता है तो लुत्फ़-अन्दोज़[2] होता हूँ
मेरी सब राहतें उसकी नमकदानी में रहती हैं
1.घाव की पीड़ा 2.आनंदित

मेरे अंदर के ग़म बाहर भी ज़ाहिर होते रहते हैं
ये दिल की सिलवटें हैं जो कि पेशानी[1] में रहती हैं
1.माथा

अज़ल[1] से है हमारी आँखों में पैवस्त[2] आईना
सो इनमें झाँकती आँखें भी हैरानी में रहती हैं
1.सृष्टि का आरंभ 2.जड़ा हुआ

तुम्हें मैं चूम लूँ, छू लूँ ज़रा इक शर्म है वर्ना
तमन्नाएँ ये सारी हद्द-ए-इम्कानी[2] में रहती हैं
1.इच्छाएँ 2.संभावना की सीमा

जहाँ से आ गए हैं उस जहाँ की याद आती है
कि हम उ'र्यां-सरों[1] को साएबाँ[2] की याद आती है
1.नंगे सरों 2.छत

जहान-ए-महफ़िल-ए-शब[1] में सभी आँखें भिगोते हैं
सभी को अपने-अपने रफ़्तगाँ[2] की याद आती है
1.रात की महफ़िल की दुनिया 2.गुज़रे हुए लोग

वहाँ जब तक रहे तब तक यहाँ की फ़िक्र रहती थी
यहाँ जब आ गए हैं तो वहाँ की याद आती है

ये शह्र-ए-अजनबी में अब किसे जा कर बताएँ हम
कहाँ के रहने वाले हैं कहाँ की याद आती है

उदासी का सबब[1] दो-चार ग़म होते तो कह देता
फ़लाँ को भूल बैठा हूँ फ़लाँ की याद आती है
1.कारण

ऐसी भी क्या उड़ी है ख़बर देख कर मुझे
सब फेरने लगे हैं नज़र देख कर मुझे

क्यों छट नहीं रहा है सियह[1] रात का धुआँ
क्यों मुँह छुपा रही है सहर देख कर मुझे
1.काली

दोनों ही रो पड़े हैं सर-ए-मौसम-ए-ख़िज़ाँ[1]
मैं देख कर शजर[2] को शजर देख कर मुझे
1.पतझड़ के मौसम में 2.पेड़

मानूस[1] हो चुका है मेरी आहटों से घर
खुल जा रहे हैं आप ही दर देख कर मुझे
1.परिचित

यूँ तो हज़ार रंज[1] थे शिकवे गिले भी थे
कुछ भी न कह सका वो मगर देख कर मुझे
1.दुख

दिल को अब हिज्र के लम्हात में डर लगता है
घर अकेला हो तो फिर रात में डर लगता है
1.जुदाई

एक तस्वीर से रहता हूँ मुख़ातिब[1] घण्टों
जब भी तन्हाई के हालात में डर लगता है
1.संबोधित

मेरी आँखों से मिरे झूट अयाँ[2] होते हैं
इसलिए तुझसे मुलाक़ात में डर लगता है
1.प्रकट

लम्हा-ए-क़ुर्ब[1] में लगता है बिछड़ जाएँगे
हाथ जब भी हो तिरे हाथ में डर लगता है
1.निकटता के पल

जिस्म की आग को बारिश से हवा मिलती है
साथ में तू हो तो बरसात में डर लगता है

उसकी क़ुर्बत में हुआ है ये ख़सारा मेरा
आप पढ़ लीजिये हर आँख में क़िस्सा मेरा
1.निकटता 2.नुक़्सान

हर नई साँस पे बनता हूँ बिगड़ जाता हूँ
ये हवा ख़त्म ही कर दे न तमाशा मेरा

अब तो होंठों पे कभी फूल भी खिल जाते हैं
आपने उन दिनों देखा नहीं चेहरा मेरा

मैंने रो-रो के उसे ग़ैर का होने न दिया
उस बला-खेज़ को ज़ंजीर था गिर्या मेरा
1.मुसीबत बढ़ाने वाला 2.रोना

अब नए दश्त मुझे देख के डर जाते हैं
मेरी वहशत ने बढ़ा रक्खा है रुतबा मेरा
1.जंगल 2.दीवानगी

विपुल कुमार

विपुल कुमार का जन्म 17 मई, 1993 को श्रीगंगानगर (राजस्थान) में हुआ। आपने बी.टेक. (कंप्यूटर साइंस) किया है और 'विंक म्यूज़िक' में सॉफ्टवेयर इंजीनियर हैं। वर्तमान में आप गुरुग्राम (हरियाणा) में रह रहे हैं।

फ़र्ज़-ए-सुपुर्दगी[1] में तक़ाज़े नहीं हुए
तेरे कहाँ से हों कि हम अपने नहीं हुए
1.समर्पण का कर्तव्य

कुछ क़र्ज़ अपनी ज़ात[1] के हो भी गए वसूल
जैसे तिरे सुपुर्द थे वैसे नहीं हुए
1.अस्तित्व

अच्छा हुआ कि हमको मरज़ ला-दवा[1] मिला
अच्छा नहीं हुआ कि हम अच्छे नहीं हुए
1.जिसका उपचार न हो सके

उसके बदन का मोड़ बहुत ख़ुशगवार है
हम भी सफ़र में उ'म्र के ठहरे नहीं हुए

इक रोज़ खेल-खेल में हम उसके हो गए
और फिर तमाम उ'म्र किसी के नहीं हुए

हम आ के तेरी बज़्म[1] में बेशक हुए ज़लील[2]
जितने गुनाहगार थे उतने नहीं हुए
1.सभा 2.अपमानित

इस बार जंग उससे रऊ'नत[1] की थी सो हम
अपनी अना[2] के हो गए उसके नहीं हुए
1.अभिमान 2.अहम

नज़र इक साया-ए-अब्र-ए-बला[1] पर जम गई है
ये कालिख दिल से उतरी है घटा पर जम गई है

1.कष्ट के बादल की छाया

मैं हर बुत को हरारत[1] की कशिश[2] समझा रहा हूँ
अ'जब इक बर्फ़ मेरे देवता पर जम गई है

1.उष्णता 2.आकर्षण

छुपाना चाहता था मैं उसे शे'रों में अपने
अब एक आ'लम[1] की आँख उस बेवफ़ा पर जम गई है

1.संसार

ज़रूर अगली रुतें अब रास्ता भटकेंगी इससे
ये जो कुछ रेत मेरे नक़्श-ए-पा पर जम गई है

1.पद-चिह्न

हमारे सर तो आख़िर ख़ाक ही होने थे इक दिन
ये कैसी रौशनी तेग़-ए-जफ़ा पर जम गई है

1.अन्याय की तलवार

परिंद छत पे बुलाते हैं बैन[1] करते हैं
मेरी बयाज़[2] दिखाते हैं बैन करते हैं

1.विलाप 2.वह कॉपी जिसमें शायर शे'र लिखता है

इन्हें पता ही नहीं बंद खिड़कियों की सिसक
ये लोग रो नहीं पाते हैं बैन करते हैं

बहार देखने जाता हूँ बाग़ में तो शजर[1]
पुराने ज़ख़्म गिनाते हैं बैन करते हैं

1.पेड़

धुआँ-धुआँ हैं मकाँ और ये रौशनी के ग़ुलाम
बुझे चराग़ दिखाते हैं बैन करते हैं

मैं किसको बात बताऊँ कि सब मेरे आगे
किसी को बात बताते हैं बैन करते हैं

जनाब-ए-मन मेरे शे'रों का एहतिराम करें
ये मेरा हाथ बँटाते हैं बैन करते हैं

1.सम्मान

दीवार-ओ-दर के साथ कोई इन्तिज़ाम है
रुकता, मगर चलूँ कि मेरे घर पे शाम है

ये आँख ख़्वाब-ख़्वाब थी ये फूल रंग-रंग
ये हुस्न रम्ज़-रम्ज़ था जो बाम-बाम है
1.रहस्य 2.छत

काई जमी हुई है समुंदर के आस-पास
सब्ज़े[1] का इक पयाम[2] है और मेरे नाम है
1.हरी घास 2.सन्देश

पहचानता हूँ अपनी उदासी के रंग से
पानी पे तैरती हुई शब[1] है कि शाम है
1.रात

धनक-धनक[1] किसी मौसम की लय में ढलने तक
मैं सूख जाऊँगा अंदर की रुत बदलने तक

1.इंद्रधनुष

उसे गँवा के नज़र यूँ भी काम क्या आती
सो उसको देखते रहना था आँख जलने तक

वो रात मौत से भी बढ़ के ख़ूबसूरत थी
सो इन्तिज़ार किया मैंने दिन निकलने तक

मैं राग छेड़ रहा हूँ मगर ये डर भी है
ये लोग ऊब न जाएँ चराग़ जलने तक

पिघलते जिस्मों की रौशनी से डरा हुआ हूँ
मैं छू रहा हूँ जिसे उसी से डरा हुआ हूँ

मुझे उसी एक दुख की लत है उसी को लाओ
मैं ताज़ा ज़ख़्मों की ताज़गी से डरा हुआ हूँ

मैं अपने अंदर के शोर से ख़ौफ़ खाने वाला
अब अपने अंदर की ख़ामुशी से डरा हुआ हूँ

मैं किस तरह एक सादा-दिल को फ़रेब दूँगा
मैं उसकी आँखों की सादगी से डरा हुआ हूँ

इतनी गहराई तो नहीं थी पानी में
डूबने वाले डूब गए हैरानी में

अबके तो उसने ही बुलाया था फिर भी
दरवाज़े से लौट आए बे-ध्यानी में

उसकी मिट्‌टी आई और इक दीवाना
चाक घुमाना भूल गया हैरानी में

आँखें बोझिल हो गईं देखने वालों की
कल दो चश्मे डूब गए फिर पानी में

मुझको पढ़ लेकिन सीने से लगकर पढ़
नज़्में ज़ाया[1] मत कर बे-उ'न्वानी[2] में

1.व्यर्थ 2.बिना शीर्षक

हमको अपना ध्यान दिये पर रखना था
हमने आँखें भी रख दीं नादानी में

अंकित गौतम

अंकित गौतम का जन्म 13 अक्तूबर, 1993 को हरियाणा के मेवात ज़िले में हुआ। ग्रेजुएशन के बाद आप पूर्णकालिक रंगकर्मी हो गए। आपने कई नाटकों में प्रमुख भूमिकाएँ निभाई हैं और आजकल वेब सीरीज़ और शॉर्ट फ़िल्म्स में अभिनय कर रहे हैं। आपका वर्तमान निवास दिल्ली है।

रफ़्ता-रफ़्ता[1] आस्माँ उतरा ज़मीं के उस तरफ़
मैंने बोया था कभी सब्ज़ा[2] ज़मीं के उस तरफ़
1.हरी घास

इस ज़मीं पर प्यास की शिद्दत[1] हुई थी कब अयाँ[2]
किस ने सोचा था निहाँ[3] दरिया ज़मीं के उस तरफ़
1.तीव्रता 2.प्रकट 3.छुपा हुआ

आस्माँ के रंग सारे हैरतों के अ'क्स[1] हैं
वो है इक चेहरा पस-ए-पर्दा[2] ज़मीं के उस तरफ़
1.प्रतिबिम्ब 2.पर्दे के पीछे

मेरे होने का गुमाँ इस भीड़ में है मुब्तला[1]
और मैं तन्हा बहुत तन्हा ज़मीं के उस तरफ़
1.फँसा हुआ

एक तारा टूटने की चाह में बेचैन है
मुंतज़िर[1] होगा कोई बच्चा ज़मीं के उस तरफ़
1.प्रतीक्षारत

दश्त[1] में आग लगाने के लिए पानी है
तो मिरी प्यास बढ़ाने के लिए पानी है
1.जंगल

मुझको इक अ'ह्द[1] की मय्यत[2] पे घड़ा फोड़ना है
सो मिरे पास ज़माने के लिए पानी है
1.युग 2.अर्थी

तेरी तस्वीर बनाने में लहू सूख गया
तेरी तस्वीर मिटाने के लिए पानी है

हम ये कहते हैं कि इंसानी बदन है मिट्टी
सो उसे ताब[1] में लाने के लिए पानी है
1.चमक

तेरी दुनिया मिरी दुनिया से अलग हो शायद
याँ तो हर नक़्श मिटाने के लिए पानी है

न जाने किससे बिछड़े थे हम ऐसे
ज़माने भर ने दिल रक्खा हमारा

सदा गूँजी मगर ख़ाली ही लौटी
निशाना फिर नहीं चूका हमारा

तसव्वुफ़[1] की जो सुनते कुछ न करते
किसी जंगल में दिल लगता हमारा

1.अध्यत्मवाद

तवाज़ुन[1] माँगने आया था सूरज
बनाना पड़ गया साया हमारा

1.संतुलन

ज़माने सो गए थे तब जगे हम
कोई सपना नहीं टूटा हमारा

सुख़न[1] से उसकी हैरत छीन लेगा
मुक़र्रर[2] वक़्त पे मरना हमारा

1.कविता, बात 2.तय

रिश्तों को जब धूप दिखाई जाती है
सिगरेट से सिगरेट सुलगाई जाती है

जिस्म हमारा इक ऐसी मिल है जिसमें
अँधियारों से धूप बनाई जाती है

क्या वो पन्ने सचमुच कोरे होते हैं
जिन पर कोई ज़र्ब[1] लगाई जाती है

1.चोट

बुल्ले बाबा! दीवानों को समझाओ
अपनी हस्ती काम में लाई जाती है

अपनी मिट्टी अपना पानी वापस ले
सुनते हैं ये शय लौटाई जाती है

पत्थर ले कर आते हैं सब सीने में
भाग जगे तो ठोकर खाई जाती है

दोनों भवों की शिकनें हाथ बँटाती हैं
अपनी तीसरी आँख बनाई जाती है

सब मस्रूफ़[1] हैं अपने-अपने होने में
ख़ूब मज़ा आता है इन पर रोने में
1.व्यस्त

कुछ अन्धों का रब्त[1] बनेगा सूरज से
हैरत शामिल होगी जादू-टोने में
1.संबंध

दुनिया को इक कोना जान रहे हैं हम
पड़े हुए हैं दुनिया के इक कोने में

बंजर तुझमें फ़स्ल उगा सकते हैं हम
अपनी मिट्टी ख़र्च करेंगे बोने में

हम आदम[1] की ज़ात में जगमग चमके थे
हमको पूरा अ'ह्द[2] लगेगा सोने में
1.मनुष्य 2.युग

क्या होता है ख़ुद से मिल लेने पर भी
ख़ूब मिलें तो एक शिकन कम होती है

एक से लेकर सिफ़र[1] तलक रफ़्तारी में
नौ नम्बर के बाद थकन कम होती है

1.शून्य

चाँद और तारे रात मनाने लगते हैं
जब सूरज की एक किरन कम होती है

हाँ वो तवाज़ुन[1] ज़ात के अन्दर होता है
जिससे दुनिया भर की घुटन कम होती है

1.संतुलन

सबसे ज़ियादा दर्द उसी का होता है
मुझमें वो जो एक चुभन कम होती है

गौतम हैं सो हम पूछेंगे ओशो से
छूने से भी कहीं छुअन कम होती है?

यहाँ से जाए तमाम दुनिया
मुझे बचाए तमाम दुनिया

मुझे न टोके मैं सो रहा हूँ
दिया जलाए तमाम दुनिया

ज़रा थकावट-सी हो रही है
जगह बनाए तमाम दुनिया

ज़मीन करवट बदल रही है
ख़ला[1] में आए तमाम दुनिया

1.अंतरिक्ष

इस एक मिस्रे' में कुछ नहीं है
गिरह लगाए तमाम दुनिया

1.शे'र की पहली पंक्ति

यहाँ पे मैं और वो रहेंगे
यहाँ न आए तमाम दुनिया

मुझ ऐसा कोई ख़ुदा नहीं है
अगर बनाए तमाम दुनिया

अ'ब्बास क़मर

अ'ब्बास क़मर का जन्म 25 अगस्त, 1994 को जौनपुर (उत्तर प्रदेश) में हुआ। अब्बास क़मर ने इंटरनेशनल रिलेशन्स में मास्टर्स डिग्री की है। अभी आप दिल्ली में रह रहे हैं और 'रेख़्ता' में सहायक संपादक के पद पर कार्यरत हैं।

बेवज्ह उ'म्र भर इसे ढोना पड़ा हमें
महँगा ये ख़ाक-ओ-ख़ूँ[1] का खिलौना पड़ा हमें

1.मिट्टी और ख़ून

मूरत चटख़ के टूट गई सब्र-ओ-ज़ब्त[1] की
इतने हुए उदास कि रोना पड़ा हमें

1.धैर्य और सहनशीलता

इसका नहीं मलाल किसी और के हुए
दुख तो ये है हुए नहीं होना पड़ा हमें

मंज़िल मिली तो उसकी कमी हमको खा गई
सामान रास्ते में जो खोना पड़ा हमें

जब तक जला ये हम भी जले इसके साथ-साथ
जब बुझ गया चराग़ तो सोना पड़ा हमें

हम आस्माँ के लोग थे जन्नत से आए थे
ख़ुद को मगर ज़मीन में बोना पड़ा हमें

अश्कों को आरज़ू-ए-रिहाई है, रोइए
आँखों की अब इसी में भलाई है, रोइए
1.रिहा होने की इच्छा

रोना मुदावा-ए-ग़म-ए-दुनिया[1] नहीं मगर
कम-अज़-कम एहतिजाज-ए-ख़ुदाई[2] है, रोइए
1.दुनिया के दुखों का इलाज 2.दुनिया का विरोध

तस्लीम[1] कर लिया है जो ख़ुद को चराग़-ए-हक़[2]
दुनिया क़दम-क़दम पे सबाई[3] है, रोइए
1.स्वीकार 2.सच का दीपक 3.हवा

ख़ुश हैं तो फिर मुसाफ़िर-ए-दुनिया[1] नहीं हैं आप
इस दश्त[2] में बस आबला-पाई[3] है रोइए
1 संसार के यात्री 2.जंगल 3.पाँव में छाले होना

हम हैं असीर-ए-ज़ब्त[1] इजाज़त नहीं हमें
रो पा रहे हैं आप बधाई है, रोइए
1.सहनशीलता के क़ैदी

मुझे ख़याल भी आया मगर उड़ान के बा'द
मैं आस्मान तो छू लूँगा, आस्मान के बा'द

जुनूँ[1] का रक़्स[2] हुआ तेज़ रौशनी से भी तेज़
मुझे नसीब हुआ मैं इस इम्तिहान के बा'द
1.उन्माद 2.नाच

ख़ुदा ने आँख बनाई इशारे कैसे बने
कमानचा[1] हुआ ईजाद[2] किस कमान के बा'द
1.छोटा धनुष 2.आविष्कार

हमें ख़बर ही न थी हम भी दास्तान के थे
ये भेद हम पे खुला पूरी दास्तान के बा'द

मैं कैसे मान लूँ तारीख़--ए-जंग[1] है बेलाग[2]
क़लम वजूद[3] में आया है तेग़-ओ-म्यान[4] के बा'द
1.युद्ध का इतिहास 2.निष्पक्ष 3.अस्तित्व 4.तलवार और म्यान

शिकस्त-ए-मन्तिक़-ए-आदम[1] का है सुबूत ख़ुदा
वो था यक़ीन से पहले वो है गुमान[2] के बा'द
1.मनुष्य के तर्कों की हार 2.शंका

किसी खंडर से बरामद किया गया है मुझे
हवा-ए-शह्र[1] के इक़बालिया[2] बयान के बा'द
1.नगर की हवा 2.स्वीकृत

जिस बुत पे फ़िदा हो गए जाँ जिस पे लुटा दी
उसने भी बिछड़ते हुए जीने की दुआ दी

तन्हाई से चौंके जो कभी ख़ुद को पुकारा
ख़ामोशी से घबराए तो जंजीर हिला दी

सहरा कि वही रेत का बे-अंत समुन्दर
और हजरत-ए-वहशी दर-ओ-दीवार के आदी

1.मरुस्थल

अपनी ही किसी धुन में था उलझा हुआ वो शख़्स
सो हमने कहानी भी कोई और सुना दी

बैअ'त[1] जो करे उसकी वही ख़ूगर-ए-इंसाफ़[2]
जो उसकी बग़ावत में उतर आए फ़सादी

1.स्वामी-भक्ति 2.न्याय का अभ्यस्त 3.उपद्रवी

दुनिया जिधर गई है उधर जाना चाहिए
हमको भी सू-ए-गर्द-ए-सफ़र[1] जाना चाहिए

1.सफ़र की धूल की तरफ़

थी जिसके पास मश्अ'ल-ए-राह-ए-जुनूँ[1] वो शख़्स
लोगों से पूछता है किधर जाना चाहिए

1.उन्माद के रास्ते की मशाल

बुनियाद हिल रही है तिरे आस्मान की
अब तो तुझे ज़मीं पे उतर जाना चाहिए

मग़रूर[1] कर न दे मेरी हैरत कहीं उसे
आँखों की पुतलियों को ठहर जाना चाहिए

1.घमंडी

हमने तो बा'द-ए-तर्क-ए-तअ'ल्लुक़[1] सुना था दिल
हर बात पर कहेगा कि मर जाना चाहिए

1.संबंध-विच्छेद के बा'द

सूरज को ले लिया है समुन्दर ने गोद में
अब टूटते हुओं को बिखर जाना चाहिए

जज़्बा-ए-दिल[1] सरकशी[2] से चूर होना चाहिए
जो मुनासिब[3] है वो नामंज़ूर[4] होना चाहिए
1.दिल की भावना 2.विद्रोह 3.उचित 4.अस्वीकार

वो हसीं इतना है अब उसकी परस्तिश[1] के लिए
जो नहीं राज़ी उसे मजबूर होना चाहिए
1.पूजा

नश्शा-ए-हस्ती[1] बजा[2] लेकिन गरेबान-ए-वजूद[3]
होश वालों की पहुँच से दूर होना चाहिए
1.जीवन का नशा 2.उचित 3.अस्तित्व का दामन

देखकर ज़ख़्म-ए-जिगर कहता है मुझसे चारागर[1]
ठीक है गहरा है पर नासूर[2] होना चाहिए
1.डॉक्टर 2.न भरने वाला ज़ख़्म

इ’श्क़ ही से है अगर है नेस्ती-हस्ती[1] में फ़र्क़
इ’श्क़ होना चाहिए भरपूर होना चाहिए
1.होना-न होना

आपकी सादा-दिली ख़ुद आपकी तौहीन[1] है
हुस्न वालों को ज़रा मग़रूर होना चाहिए
1.अपमान 2.घमंडी

एक ही तमाशा है एक ही तमाशाई
रूह काँप जाती है वो बला है तन्हाई

गूँजता है हर लम्हा दिल में शोर-ए-वावैला[1]
गाम-गाम[2] सरताबी[3] शह्र-शह्र बलवाई[4]
1.कोहराम का शोर 2.क़दम-क़दम 3.अवज्ञा,उद्दंडता 4.उपद्रवी

दर्द जब सुनाई दे तब तो दिल दुहाई दे
क्या पता कहाँ होगी ग़म-ज़दों की शुनवाई

हम उसी के दुश्मन हैं जो तुम्हारा दुश्मन है
जो तुम्हारा शैदा[1] है हम हैं उसके शैदाई[2]
1.आशिक़ 2.प्रेमी

खुदकुशी का सोचें तो मौत रूठ जाती है
ज़िन्दगी से कैसे हो ज़िन्दगी की भरपाई

मैं तो राह-ए-उल्फ़त[1] की उलझनों में उलझा था
तुम कहो तुम्हें मेरी याद क्यों नहीं आई
1. प्रेम-मार्ग

हम उसी को रोते हैं जो हमें नहीं रोता
आँसुओं की बारिश में बह गई है बीनाई[1]
1 .दृष्टि

आ'क़िब साबिर

आ'क़िब साबिर का जन्म 12 अक्तूबर, 1994 को रिच्छा, ज़िला बरेली (उत्तर प्रदेश) में हुआ। आप अंग्रेज़ी में पोस्ट ग्रेजुएट हैं। आपका वर्तमान निवास नोएडा (उत्तर प्रदेश) है।

हम्ला-ज़न[1] मुह्लिक[2] नींदों पर आँखें तारी[3] करने वाले
कितने ख़्वाब बचा लेते हैं शब-बेदारी[4] करने वाले

1.आक्रमणकारी 2.घातक 3.छाया हुआ 4 रात्र-जागरण

थोड़ा सब्र कर ऐ ख़ामोशी तेरी चींख़ें लौटा देंगे
रोने दे आशोब-ज़दा[1] हैं आह-ओ-ज़ारी[2] करने वाले

1.उपद्रव-ग्रस्त 2.रोना-धोना

इक तो आँखें काला जादू मन को वश में करने वाली
उस पर उनमें काले सुरमे नैन कटारी करने वाले

वो भी ठहरा सच्चा जुल्मी झूठे वा'दे करने वाला
हम भी ठहरे सच्चे आशिक़ नह्रें जारी करने वाले

इनसे मिलिए इन लोगों ने वक़्त को मरहम मान लिया था
ज़ख़्म-शुमारी[1] करते हैं अब ये हुश्यारी करने वाले

1.ज़ख़्मों की गिन्ती

जितनी आँखें उतने मंज़र[1] फिर सबके अपने पसमंज़र[2]
कुछ भी पाने से क़ासिर[3] हैं राय-शुमारी[4] करने वाले

1.दृश्य 2.पृष्ठभूमि 3.असमर्थ 4.मतगणना

अ'ह्द-ए-खिज़ानी[1] ढलते-ढलते एक ज़माना लग जाता है
'आ'क़िब' कितने सादा-दिल हैं जश्न-ए-बहारी[2] करने वाले

1.पतझड़ का युग 2.बसंत-उत्सव

आब-ए-बक़ा[1] भी तश्नालब[2] आब-ए-बक़ा का है
इतना बहाव ख़ून में सैल-ए-फ़ना[3] का है

1.जीवन-अमृत 2.प्यासा 3.मौत का सैलाब

लहरों का बैन[1], रक़्स-ए-हवा[2], चाँदनी के घाव
मैं जानता हूँ काम ये किस बेवफ़ा का है

1.विलाप 2.हवा का नाच

ऐसी महीन चोट पे इतना सटीक वार
लगता तो है कि तीर किसी आश्ना[1] का है

1.परिचित

वो भी मिरे ज़वाल[1] की आमद[2] का मुन्तज़िर[3]
मुझको भी इन्तिज़ार उसी देवता का है

1.पतन 2.आगमन 3.प्रतीक्षारत

देखो तो इक निशान-सा पड़ता है जिस्म पर
ऐसा नफ़ीस[1] हुस्न[2] कि बस इन्तिहा[3] का है

1.निर्मल 2.सौंदर्य 3. चरम सीमा

यूँ है कि अंदरून[1] से हारे हुए हैं हम
कुछ ख़ाक पे उबूर[2] भी आब-ओ-हवा[3] का है

1.अन्त:करण 2.प्रभुत्व 3 पानी और हवा

कहते हैं जिसको शाइ'री नटनी की चाल है
ये सारा खेल यार के बंद-ए-क़बा[1] का है

1.कुर्ते की गाँठ

इक तअ'ल्लुक़[1] था सो हमने दिल रवाँ[2] रहने दिया
रहगुज़ारें[3] छीन लीं पर कारवाँ रहने दिया

1.संबंध 2.प्रवाहित 3.रास्ते

जानते सब थे मगर अनजान रहना था मुफ़ीद[1]
बारिशों को सबने ख़ुद पर मेह्रबाँ रहने दिया

1.लाभकारी

बोलने की कोशिशें ही चाक[1] कर देती थीं दिल
राज़ जैसा कुछ न था लेकिन निहाँ[2] रहने दिया

1.ज़ख़्मी 2.गुप्त

दीद[1] की सरहद से आख़िर क़ब्र के ज़िन्दान[2] तक
हम वहाँ रहने लगे उसने जहाँ रहने दिया

1.दर्शन 2.कारागार

पत्थरों से ख़ाक और फिर ख़ाक से कुछ भी नहीं
वक़्त ने अपने सिवा कुछ भी कहाँ रहने दिया

तिश्ना-कामी[1] में रिआ'यत[2] नहीं करने वाले
हम अमानत में ख़यानत[3] नहीं करने वाले

1प्यास, दुर्भाग्य 2.छूट 3.ग़बन

रौशनी हम पे इनायत[1] नहीं करने वाली
हम चराग़ों से शिकायत नहीं करने वाले

1.कृपा

हमसे ये कार-ए-मसाफ़त[1] नहीं होने वाला
ज़िंदगी तेरी क़यादत[2] नहीं करने वाले

1.यात्रा की दूरी का काम 2.नेतृत्व

हम से अय्याम[1] की गर्दिश[2] नहीं देखी जाती
ख़ैर हम इसकी वज़ाहत[3] नहीं करने वाले

1 दिनों 2.चक्कर 3.स्पष्टीकरण

हस्ब-ए-मक़्दूर[1] हमें ख़ाक उड़ानी है सो हम
जिस्म-ए-ख़स्ता[2] की मरम्मत नहीं करने वाले

1.सामर्थ्य के अनुसार 2.कमज़ोर शरीर

फिर वही ख़्वाब वही ज़िद, नहीं आ'क़िब साबिर'
हम उसूलों[1] से बग़ावत[2] नहीं करने वाले

1.नियमों 2.विद्रोह

मिरा वजूद[1] शुमार-ए-नफ़स[2] में आया नहीं
तमाम उ'म्र मैं साँसों के बस में आया नहीं
1.अस्तित्व 2 साँसों की गिनती

नुक़ूश-ए-लम्स-ए-हक़ीक़त[1] मिटाने वाला था
मगर वो ख़्वाब मिरी दस्तरस[2] में आया नहीं
1.वास्तविकता के स्पर्श का निशान 2.पहुँच

सवाल ये है कि दश्त-ए-बदन[1] का क्या होगा
अगर जुनूँ[2] का परिंदा क़फ़स[3] में आया नहीं
1.शरीर रूपी जंगल 2.उन्माद 3.पिंजरा

अ'जब नहीं कि ये बाँहें कुचल के रख देतीं
भला हुआ वो हिसार-ए-हवस[1] में आया नहीं
1.वासना का घेरा

ये कौन है जो हमें तूल देता रहता है
ये कौन है जो ज़द-ए-पेश-ओ-पस[1] में आया नहीं
1.असमंजस का घेरा

बयान-ए-क़ल्ब-ए-फ़सुर्दा[1] बयान-ए-ज़ख़्म[2] नहीं
अभी दुखों को मयस्सर[3] अमान-ए-ज़ख़्म[4] नहीं

1.उदासी भरे दिल का बयान 2.ज़ख़्मों का बयान 3.प्राप्त 4.ज़ख़्मों की सुरक्षा

गिराँ[1] है अ'क्स[2] कोई दाग़दार शीशे पर
हमारे ज़ख़्म का मरकज़[3] निशान-ए-ज़ख़्म नहीं

1.भारी 2.प्रतिबिम्ब 3.केंद्र

फ़क़ीर-ए-दीद[1] हैं क़ल्ब-ए-तलब[2] सजाए हुए
मगर किसी पे निगाह-ए-कमान-ए-ज़ख़्म[3] नहीं

1.दर्शन के भिक्षुक 2.इच्छा से भरा हुआ मन 3.ज़ख़्मों की कमान की दृष्टि

चमन[1] की सम्त[2] नज़र कर मुहाल[3] है रंगत
सदा-ए-शौक़[4] सुना कर फ़ुग़ान-ए-ज़ख़्म[5] नहीं

1.उपवन 2.तरफ़ 3.कठिन 4.चाह की आवाज़ 5ज़ख़्मों के रोने की आवाज़

बहुत चलन में नहीं है रिवायत-ए-गर्दिश
बहार-ए-ज़ख़्म का मतलब ख़िज़ान-ए-ज़ख़्म नहीं

नफ़स-नफ़स ज़िंदगी के हो कर अजल[1] की तश्हीर[2] कर रहे हैं
ये किस जतन में लगे हैं हम सब किसे जहाँगीर कर रहे हैं

1.मृत्यु 2.प्रचारित

कहाँ पता था तिरी शफ़क़[1] ही पस-ए-ग़ुबार-ए-ज़वाल[2] होगी
तुझी को मिस्मार[3] कर दिया था तिरी ही ता'मीर[4] कर रहे हैं

1.प्रातः कालीन लालिमा 2.पतन के ग़ुबार के पीछे 3.नष्ट 4.निर्माण

सदाएँ देती हुई ख़लाएँ[1] कहीं ज़मीनों तक आ न जाएँ
ये ख़्वाब-कारी[2] ये पुर-तकल्लुफ़ बरा-ए-ता'बीर[3] कर रहे हैं

1.अंतरिक्ष 2.सपने बुनने वाले 3.स्वप्न-फल की व्याख्या के लिए

अगरचे पहले यक़ीन कम था पर अब तो तस्दीक़[1] हो चुकी है
न जाने रद्द-ए-अमल[2] में क्यों हम मज़ीद[3] ताख़ीर[4] कर रहे हैं

1.प्रमाणित 2.प्रतिक्रिया 3. बहुत अधिक 4.देर

हमारे सारे गुनाह वाइ'ज़[1] मक़ाला-ए-इफ़्तिताहिया[2] हैं
अभी तो हम नामा-ए-अमल[3] का मुक़द्दमा तहरीर[4] कर रहे हैं

1.उपदेशक 2.आरम्भिक शोध-पत्र 3.कार्य-सूची 4.अंकित

रह-ए-शहादत[1] पे सर के हमराह एक आसेब[2] चल रहा है
हमीं न निकलें यज़ीद-ए-दौराँ[3] कि ख़ुद को शब्बीर[4] कर रहे हैं

1 बलिदान का रास्ता 2 भूत, प्रेत बाधा 3 अपने समय का ज़ालिम आदमी 4 हज़रत मोहम्मद स० के नवासे

निवेश साहू

निवेश साहू का जन्म 18 नवम्बर,1994 को नौगाँव (मध्य प्रदेश) में हुआ। आपने बी.टेक. (कंप्यूटर साइंस) किया है और 'कौटिल्य अकादमी,इंदौर' के भौतिकी विभाग में शिक्षण-कार्य कर रहे हैं। आपका वर्तमान निवास इंदौर है।

जो करते थे, उल्टा-सीधा करते थे
हम पत्थर पे दरिया फेंका करते थे

इस जंगल के पेड़ों से मैं वाकिफ़[1] हूँ
गिर जाते थे जिस पर साया करते थे
1.परिचित

मैं बस्ती में तितली पकड़ा करता था
बाक़ी सारे लोग तो झगड़ा करते थे

जाओ! कोई तारा-वारा नहीं गिरता
हम ही छत से जुगनू फेंका करते थे

रोज़ मुशाहिद[1] रहते थे हम शाम तलक
फ़िर सूरज का माथा चूमा करते थे
1.निरीक्षक

दरिया से इख़्तिलात[1] है, हम रो नहीं रहे
रोना हमारी ज़ात[2] है, हम रो नहीं रहे
1.दोस्ती 2.व्यक्तित्व

इस बद-दिमाग़ दिल ने किया ज़ब्त[2] का भी ख़ून
ये सिर्फ़ वारदात है, हम रो नहीं रहे
1.सहनशीलता

कितने दिनों के बाद ख़ुशी से मिले हैं हम
फिर भी अ'जीब बात है, हम रो नहीं रहे

ये दिन भी कोई दिन था! अ'जब ख़ुशगवार दिन
ये रात कोई रात है! हम रो नहीं रहे

रोने लगे तो कौन हमें चुप कराएगा
सो इसका एहतियात है, हम रो नहीं रहे
1.सावधानी

आँसू कमाए हैं सो तिरे दीन[1] के लिए
मौला यही ज़कात[2] है, हम रो नहीं रहे
1.धर्म 2 धार्मिक कर

उड़ानें ले उड़ीं शहपर[1] हमारे
महाज़-ए-इ'श्क़[2] है और सर हमारे
1.पक्षियों का डैना जिस पर पंख होते हैं 2.प्रेम का मोर्चा

बरा-ए-ज़िद[1] हमें ता'मीर[2] करके
बहुत पछताए कूज़ागर[3] हमारे
1.ज़िद के लिए 2.निर्माण 3.कुम्हार

बदन छूकर अ'दू[1] का लौट आए
हमीं से आ लगे पत्थर हमारे
1.शत्रु

रिहाई मिल गई थी हमको लेकिन
उखाड़े जा चुके थे पर हमारे

पड़े हैं साहिलों पे रेत होकर
समुन्दर खा गया गौहर[1] हमारे
1 मोती

तुम्हारे आँसुओं को सोख लेगी
किसी की राख है अंदर हमारे

हर जहालत[1] पे सितम ढाते हुए आए हैं
ख़ुद को हम सोचते-समझाते हुए आए हैं
1.मूर्खता

दिल के वीराने से गुज़रे तो खुला है हम पर
आने वाले तो कहीं आते हुए आए हैं

वो जो इक शह्‌र-ए-ख़मोशी था उसी शह्‌र से हम
बे-तरह[1] चीख़ते-चिल्लाते हुए आए हैं
1.बुरी तरह

तुझसे बिछड़े तो तिरे और करीं[1] होते गए
या'नी ऐसा है कि हम जाते हुए आए हैं
1.निकट

ऐ उदासी की सड़क अब तू हमें भी बहला
यहाँ तक हम तुझे बहलाते हुए आए हैं

हम ही आए हैं तिरी सम्त[1] रवानी[2] के ख़िलाफ़
वर्ना सब मौज पे इतराते हुए आए हैं
1.तरफ़ 2.बहाव 3.लहर

मुझमें पैवस्त हो चुकी हो तुम
मेरे अंदर की ख़ामुशी हो तुम

क्या फ़क़त शौक़ रह गया हूँ मैं
किस तरह बात कर रही हो तुम

ख़ास ये है कि मैं नहीं बदला
और दिलचस्प है वही हो तुम

इतना अंदाज़ा-ए-सफ़र है मुझे
आख़िरी मोड़ पे खड़ी हो तुम

किस क़दर चीख़ने लगा हूँ मैं
कितनी ख़ामोश हो गई हो तुम

अपनी ग़ैरत[1] के अलावा कहीं देखे न गए
ख़ुद से निकले थे मगर ग़ैर के पीछे न गए
1.स्वाभिमान

तुमको अफ़्सोस तुम्हें ठीक बनाया न गया
और एक हम कि अभी चाक पे रक्खे न गए

इक सितम ये कि हमें वस्ल[1] में आया न सुकूँ
इक सितम ये कि तिरे हिज्र[2] भी देखे न गए
1.मिलन 2.जुदाई

संग उसके तो मोहब्बत में सलीके से कटी
बा'द उसके भी बदन से ये सलीके न गए

तेरे आने पे कहाँ सर पे उठा लेते थे घर
तेरे जाने पे तिरे पीछे दरीचे' न गए
1.खिड़कियाँ

उसकी ख़ुश्बू को भी रुख़्सत[1] न किया जाता था
हमसे कुछ रोज़ तो कपड़े भी उतारे न गए
1.विदा

रूह तक आ कि मुझे उसका सहारा है बहुत
जिस्म मत छेड़ मुझे जिस्म ने मारा है बहुत

चाँद की किस को तलब है कि यहाँ तारीकी[1]
इस क़दर है कि मुझे एक सितारा है बहुत
1.अँधेरा

मेरी जानिब[1] से सदा और सदा और सदा[2]
उस की जानिब से फ़क़त एक इशारा है बहुत
1.तरफ़ 2.आवाज़

इस का ग़म छोड़ कि किस तर्ह कटी हिज्र[1] में उ'म्र
वो घड़ी सोच जिसे साथ गुज़ारा है बहुत
1.जुदाई

मैं हूँ ख़्वाबों की हवा तू है हक़ीक़त का चराग़
पास हों दोनों तो इस में भी ख़सारा[1] है बहुत
1.नुक़्सान

शहबाज़ रिज़्वी

शहबाज़ रिज़्वी का जन्म 6 फ़रवरी, 1995 को रहीमपुर खेसरहा, ज़िला समस्तीपुर (बिहार) में हुआ। आपने बी.टेक. (मैकेनिकल) की शिक्षा प्राप्त की है और वर्तमान में दिल्ली में रहकर शिक्षण-कार्य कर रहे हैं।

दिल में पैवस्त[1] किसी गुल की निशानी देखो
आओ जंगल की तरफ़ रात की रानी देखो

1.जुड़ा हुआ

मेरी आँखों को मयस्सर[1] नहीं सुख के आँसू
ये जो पानी है जरा इसकी रवानी[2] देखो

1.प्राप्त 2.बहाव

तुम अगर देख चुके हो मिरी आँखों का सराब[1]
आओ अब आ के इसी दश्त[2] का पानी देखो

1.मृगतृष्णा 2.जंगल

इतना प्यासा है कि साहिल पे ज़बाँ फेरता है
तुम समुन्दर की कभी तश्ना-दहानी देखो

1. प्यासा मुख

एक पल में तुम्हें दुनिया समझ आ जाएगी
इस कहानी से अलग हो के कहानी देखो

मिस्रा-ए-मौत[1] लगाते हैं सब इस पर 'शहबाज़'
ज़िन्दगी के लिए तुम दूसरा सानी[2] देखो

1.मृत्यु की पंक्ति 2.शे'र की दूसरी पंक्ति

रूह मिरी जिस ख़ाने[1] में है उस ख़ाने का क्या होगा
मैं तो शह्र चला जाऊँगा वीराने का क्या होगा
1.घर

तेरे सर को दुनिया वालों के काँधे मिल जाएँगे
मेरे बारे में भी सोच मिरे शाने[1] का क्या होगा
1.कंधा

दुनिया लिखने वाले ने बस दुनिया लिख के छोड़ दिया
अब दुनिया वाले सोचें इस अफ़्साने का क्या होगा

मौत हमें वापस ले जाएगी ये बस ख़ुश-फ़ह्मी है
हम दुनिया में आ तो गए हैं घर जाने का क्या होगा

एक परिन्दा ऐसा भी है जो ये सोचा करता है
जाल के अंदर छूट गया जो उस दाने का क्या होगा

मैं तो ठीक हूँ लेकिन मिरे अंदर जो ये रिज़वी है
अक्सर सोचा करता हूँ इस दीवाने का क्या होगा

और ज़ियादा ख़ुद पर वहशत[1] तारी[2] मत कीजे 'शहबाज़'
दुनिया जो तय करती है उस पैमाने का क्या होगा
1.दीवानगी 2.छाया हुआ

किसी की थाम कर उँगली इधर जाते उधर जाते
हमारे पास घर होता तो हम भी अपने घर जाते

अगर तुम हाथ रख देते मिरी आँखों की लरज़िश[1] पर
मिरी बेरंग दुनिया में बला के रंग भर जाते

1.कंपन

ख़ुदा रक्खे उदासी ने हमें बख़्शी है यक्जाई
ख़ुशी का शोर सुन लेते तो पल भर में बिखर जाते

1.इकट्ठापन

हमारे साथ आती थी गली के तीसरे घर तक
उदासी घर में आ जाती तो जाने हम किधर जाते

कभी दुनिया कभी दरिया कभी साँसों ने कोशिश की
मोहब्बत हाथ रख देती तो हम हैरत से मर जाते

न हम लहरों के पर्वर्दा[1] न हम कश्ती के शैदाई
जहाँ नद्दी उतर जाती वहीं हम भी उतर जाते

1.पाले हुए

हुज़ूर पहले नज़ारे बनाए जाते हैं
फिर उसके बाद नज़रिए[1] बनाए जाते हैं
1.दृष्टिकोण

हमें ख़बर है कि लहरें उजाड़ देंगी इन्हें
हम अपनी ज़िद में घरौंदे बनाए जाते हैं

यही सबब[1] है कि मैं तीरगी[2] का क़ाइल[3] हूँ
मैं जानता हूँ उजाले बनाए जाते हैं
1.कारण 2.अँधेरा 3 प्रशंसक

बना रहा है जो कश्ती उसे नहीं मा'लूम
सफ़र से पहले इरादे बनाए जाते हैं

मैं सोचते हुए पहुँचा हूँ उस जगह कि जहाँ
तसव्वुरात[1] के साँचे बनाए जाते हैं
1. कल्पनाओं

दरख़्त, छाँव, मुसाफ़िर, सफ़र, थकन, मंज़िल
तरह-तरह के मुअ'म्मे[1] बनाए जाते हैं
1.पहेलियाँ

रक़्स[1] करते हुए नज़ारे हैं, साथ में चाँद है सितारे हैं
आँख में रौशनी के धारे हैं, साथ में चाँद है सितारे हैं

1.नाच

इस तसलसुल[1] में इस रवानी[2] में, लाश ठहरी हुई है पानी में
बुलबुले हाथ-पाँव मारे हैं, साथ में चाँद है सितारे हैं

1.निरंतरता 2.बहाव

गर्दिश-ए-वक़्त[1] का वजूद[2] वो ख़्वाब, अपनी ख़ातिर है हस्त-ओ-बूद[3] वो ख़्वाब
तुम हमारे हो हम तुम्हारे हैं, साथ में चाँद है सितारे हैं

1.वक़्त का चक्कर 2.अस्तित्व 3.है और था,वर्तमान और भूतकाल

सारे ग़मख़्वार[1] हैं चराग़ों के, सब अ'ज़ादार[2] हैं चराग़ों के
सुब्ह से हम भी जंग हारे हैं, साथ में चाँद हैं सितारे हैं

1.हमदर्द 2.शोकाकुल

रौशनी कब मुझे मयस्सर[1] है, तीरगी[2] ही मिरा मुक़द्दर है
यूँ तो जुगनू भी ढेर सारे हैं, साथ में चाँद है सितारे हैं

1.प्राप्त 2.अँधेरा

दिल में उम्मीद-ए-वस्ल[1] जागी है, आरज़ू नंगे पाँव भागी है
आस्माँ में कुछ अब्र-पारे हैं, साथ में चाँद है सितारे हैं

1.मिलन की आशा 2.बादल के टुकड़े

ज़िन्दगी ख़्वाहिशों के मलबे से दे रही है हमें सदा 'शहबाज़'
हम किसी झील के किनारे हैं, साथ में चाँद है सितारे हैं

मिरे जैसे नहीं किसी के ज़ख़्म
हैं मिरे ज़ख़्म ज़िन्दगी के ज़ख़्म

आईना देखता है हैरत से
लब पे आए नहीं हँसी के ज़ख़्म

सब की नज़रें हैं मिरे सर की तरफ़
छटपटाते हैं तश्तरी के ज़ख़्म

ज़ख़्म खाना था मश्ग़ला[1] उसका
खा गए फिर उसे उसी के ज़ख़्म

1.काम

बैठ जाता हूँ रेत पर थक कर
और गिनता हूँ इक नदी के ज़ख़्म

वफ़ूर-ए-जज़्ब की छन-छन से दिल दुखा हुआ है
तुम्हारे हाथ पे मेंहदी से क्या लिखा हुआ है
1.आकर्षण की अधिकता

सुबुक-मिज़ाज[1] समुन्दर से यक-दिली[2] थी बहुत
सुबुक-ख़िराम[3] उदासी से राब्ता[4] हुआ है
1.कोमल स्वभाव 2.सामंजस्य 3.हल्की चाल 4.संबंध

अ'जब तरह की मुसाफ़त[1] ने आ लिया है मुझे
मैं चल रहा हूँ मगर साया तो रुका हुआ है
1 .दूरी

जवाज़ ढूँढते रहिए जुदा न होने का
सभी से पूछते रहिए कि दोस्त क्या हुआ है
1 .औचित्य

यहीं कहीं किसी पत्थर पे मार कर आँखें
सियाह-बख़्त[1] किसी ख़्वाब से जुदा हुआ है
1 .भाग्यहीन

दिलों के दश्त[1] में गिर्या-कुना[2] है सब्र-ए-जमील
बदन की शाख़ पे ज़ख़्मों का बन हरा हुआ है
1.जंगल 2.रोता हुआ

बिछड़ने वालों ने सोचा नहीं कभी शहबाज़
जनाब रिज़वी की सोहबत में दिल बड़ा हुआ है

विजय शर्मा अ'र्श

विजय शर्मा अ'र्श का जन्म 10 अक्तूबर, 1995 को कोलकाता (पश्चिम बंगाल) में हुआ । आपने बी.एस. सी. तक की पढ़ाई की है वर्तमान में और 'टेंट सिनेमा' कोलकाता' में स्क्रिप्ट राइटर और असिस्टेंट डायरेक्टर हैं ।

तुझको दी आवाज़ कि गूँजा इकतारा
तन्हाई का एक सहारा इकतारा

मेरी हालत मेरे रब की हालत है
मैं अपने बाउल का टूटा इकतारा

1.बंगाल का प्रसिद्ध लोकगीत

दरिया-दरिया अपने रंग बिखेरेगा
बदली-बदली छुपने वाला इक तारा

हिज्र[1] का तारा ऐसा चमका, नींद गई
नींद बिना टूटा सपनों का इक तारा

1.जुदाई

मल्लाहों ने कश्ती खेना तेज़ किया
तूफ़ाँ में यकलख़्त[1] जो चमका इक तारा

1.एकदम

शांत नदी में चाँद का अ'क्स और पुल पर मैं
दूर फ़लक से मुझको तकता इक तारा

1.प्रतिबिम्ब

'अर्श' दुआ में मैंने हाथ उठाया और
उसके दामन में जा उतरा इक तारा

अपने उस्ताद को याद करती हुई, मुस्कुराती हुई
एक लड़की मोहब्बत की धुन में पियानो बजाती हुई

शाह-ए-नय[1] की तरंगों में आह-ओ-फ़ुगाँ[2] को बदलता वो शख़्स
उसकी हर साँस में भैरवी[3] की निदा[4] गूँज जाती हुई
1.शहनाई 2.आह भरने और रोने का स्वर 3.एक राग 4.आवाज़

ज़िन्दगी और तो क्या है उलझी हुई रेशमी डोर, जो
मेरी हर एक कोशिश पे थोड़ी-बहुत टूट जाती हुई

उस कड़ी धूप में साथ देता भी तो कौन देता मगर
एक परछाईं थी ज़िन्दगी को अधूरा बताती हुई

तमाम रेत पे बिखरा है तन उदासी का
वो लह्‌र है या कोई पैरहन[1] उदासी का
1.वस्त्र

है इक दरीचा[1] जहाँ से वो देखती है अतीत
सो लग गया मेरे कमरे में मन उदासी का
1खिड़की

मैं इसकी छाँव में बैठूँ तो जिस्म जलता है
मेरे शजर[1] पे लगा है गहन[2] उदासी का
1.पेड़ 2.ग्रहण

हमारे इ'श्क़ को क़ुदरत ने जान बख़्शी है
तुम इक सुकूत[1] हो और मैं हूँ बन उदासी का
1.सन्नाटा

तुम्हारे हिज्र में इक मौत और उसके बा'द
हमारी रूह ने पकड़ा बदन उदासी का
1.जुदाई

अपने अहबाब[1] में मौजूद, जुदा बैठा हूँ
ख़ुश हूँ दुनिया से मगर ख़ुद से ख़फ़ा बैठा हूँ
1.दोस्तों

वो जो इक चीज़ तिरी याद से वाबस्ता[1] थी
एहतियातन[2] उसे रख कर के भुला बैठा हूँ
1.संबंधित 2.सावधानी के लिए

जश्न-ए-हिज्राँ[1] में तिरे रक़्स[2] ही लाज़िम है मगर
ऐ मेरी जान-ए-जुनूँ[3]! देख ज़रा, बैठा हूँ
1.जुदाई का उत्सव 2.नाच 3.उन्माद के प्राण

जब भी सोचूँ कि तुझे भूलना मुश्किल तो नहीं
ऐसा लगता है तिरे सामने आ बैठा हूँ

ख़ूब ढूँढा प मुझे मेरे सिवा तू न मिला,
और फिर दर प तिरे बैठा रहा, बैठा हूँ

आख़िरश ढूँढ ही ली तेरी गली ख़ुश्बू से
तू भी पहचान मिरे ज़ख़्म कभी ख़ुश्बू से

तेरा एहसास दिलाती है मुझे बाद-ए-बहार[1]
तुझको रचना है मिरी जान! तिरी ख़ुश्बू से
1.बसंत की हवा

हर्फ़ या रंग ठहरते ही कहाँ थे तुझपर
जिस्म पर तेरे ग़ज़ल मैंने लिखी ख़ुश्बू से
1.अक्षर

बस यही सोच के बाक़ी है सफ़र ख़ुश्बू का
इक गिला था जो न कर पाई कली ख़ुश्बू से

नींद आ जाती है पर ख़्वाब के बाइ'स[1] हर शब
आँख खुल जाती है आहट से कभी ख़ुश्बू से
1.कारण

ख़ुश्बू से राहें पूछूँगा रंगों के घर जाऊँगा
अब के घर से निकला तो मैं मन्ज़र-मन्ज़र[1] जाऊँगा

1 दृश्य-दृश्य

जान रहा हूँ लौट के तन्हा जाना ही क़िस्मत है मगर
जाते-जाते तुझ को इक आवाज़ लगा कर जाऊँगा

इतनी उलझन क्यों है क्या ये जीना बहुत ज़रूरी है
जीने की इस फ़िक्र में ही अब लगता है मर जाऊँगा

एक तरफ़ अन्धेरा है और रू-ए-उदासी[1] एक तरफ़
मौत की कोख में पलता मैं किसके चेहरे पर जाऊँगा

1.उदासी का चेहरा

दीप जलाकर माज़ी का दरवाज़ा रौशन करता है
तेरे नाम की ख़ुश्बू से जो एक एहसास सँवरता है

इधर-उधर बर्तन की आवाज़ें पायल की रूठी धुन
क्या बतलाऊँ ख़ाली घर कितनी आवाज़ें करता है

एक कमरे में दो दुनिया थीं, जो दुख में तब्दील हुईं
दुख ने सब कुछ एक किया, ये ही दुख की सुन्दरता है

अपने दुख का हाथ पकड़ कर जिसकी ख़ातिर भटका मैं
मिल ही गया वो मोड़, मगर इक मुद्दत कौन ठहरता है

शाम ढ़ले इक सूने बन में ख़ूब पुकारा है ख़ुद को
चाँद की ओट में छुप कर अब देखेंगे कौन गुज़रता है

अज़हर नवाज़

अज़हर नवाज़ का जन्म 18 जून, 1995 को आज़मगढ़ (उत्तर प्रदेश) में हुआ। आप अलीगढ़ मुस्लिम यूनिवर्सिटी से अंग्रेज़ी साहित्य में पी-एच.डी. कर रहे हैं।

मिलते-जुलते हैं यहाँ लोग ज़रूरत के लिए
हम तिरे शह्र में आए हैं मोहब्बत के लिए

वो भी आख़िर तिरी ता'रीफ़ में ही ख़र्च हुआ
मैंने जो वक़्त निकाला था शिकायत के लिए

मैं सितारा हूँ मगर तेज़ नहीं चमकूँगा
देखने वाले की आँखों की सहूलत के लिए

तुमको बतलाऊँ कि दिन भर वो मिरे साथ रहा
हाँ, वही शख़्स जो मशहूर है उजलत[1] के लिए

1.जल्दबाज़ी

सर झुकाए हुए ख़ामोश जो तुम बैठे हो
इतना काफ़ी है मिरे दोस्त निदामत[1] के लिए

1.शर्मिंदगी

वो भी दिन आए कि दहलीज़ पे आकर 'अज़हर'
पाँव रुकते हैं मिरे तेरी इजाज़त के लिए

जब ज़रूरत भर नमी बन जाएगी
उसके होंटों पर हँसी बन जाएगी

इक दिए से इक दिया जल जाएगा
रौशनी से रौशनी बन जाएगी

झील में उसको उतरते देखकर
मैंने सोचा जलपरी बन जाएगी

कृष्ण बन कर जब उसे सोचूँगा मैं
मेरी धड़कन बाँसुरी बन जाएगी

ग़म के मारे हम मिलेंगे एक दिन
अपने मिलने से ख़ुशी बन जाएगी

हम कभी पूरे जो होने को हुए
यक-ब-यक[1] उसकी कमी बन जाएगी

1 अचानक

उसकी आँखें याद रह जाएँ अगर
यार 'अज़हर' शाइ'री बन जाएगी

फ़रेब दे के उसे जीतना गवारा नहीं
अगर वो दिल से हमारा नहीं, हमारा नहीं

अभी तो हमने ही उसकी तरफ़ नज़र की है
अभी तो उसकी तरफ़ से कोई इशारा नहीं

शब-ए-सियाह[1] तिरी तीरगी[2] पे लानत है
शब-ए-सियाह तिरे पास इक सितारा नहीं
1.अँधेरी रात 2.अँधेरा

उसे छुआ ही नहीं है तो फूल ख़ुश्बू क्या
बदन बदन है, बदन कोई इस्तिआ'रा[1] नहीं
1.प्रतीक

तो क्या ये नींद हमारी हमेशगी[1] की है
बहुत दिनों से किसी ने हमें पुकारा नहीं
1.सदा के लिए

तमाम शह्र में साये से जैसे फिरते हैं
कोई हमारा नहीं और कोई तुम्हारा नहीं

कुछ ख़राबी नहीं मुक़द्दर में
कोई मुख़बिर है अपने लश्कर में
1.सेना

मैं तो मुद्दत से ग़ैरहाज़िर हूँ
बस मिरा नाम है रजिस्टर में

वर्ना इक रोज़ में ही सड़ जाएँ
लोग रक्खे हुए हैं फ़्रीज़र में

याद करती हैं तुझको दीवारें
शक्ल उभर आई है पलस्तर में

ये तअ'र्रुफ़[1] नई सदी का है
आईना ढल रहा है पत्थर में
1.परिचय

बह रही है हमारी ख़ामोशी
शोर करते हुए समुन्दर में

किस क़दर सर्द ये महीना है
दिल भी टूटा मिरा दिसम्बर में

बस एक नज़्म[1] था दरकार सब सिमट जाएँ
मैं कब ये चाह रहा था कि दुख भी कट जाएँ

1.व्यवस्था 2.आवश्यक

दुआएँ भी तो रिआयत[1] के साथ माँगी हैं
न गर हों मेरे तो उसके ही दिन पलट जाएँ

1.छूट

मैं चाहता हूँ ज़रूरत न पेश आए मुझे
वो मुन्तज़िर[1] है कि चीज़ों के दाम घट जाएँ

1.प्रतीक्षारत

मुआ'फ़ कर तो दिया है मगर कहो उनसे
वो थोड़ी देर मिरे सामने से हट जाएँ

ख़िज़ाँ-रसीदा[1] सही खिल उठूँगा अंदर से
जो ज़र्द[2] पत्ते मिरे जिस्म से लिपट जाएँ

1.पतझड़ से ग्रस्त 2.पीला

मता-ए-ज़ीस्त[1] का महवर[2] न क़ैद हो जाए
हथेलियों में मुक़द्दर न क़ैद हो जाए
1.जीवन-पूँजी 2. धुरी

मैं अब के बार बहुत खुल के रो नहीं पाया
ये सानेहा[1] मिरे अंदर न क़ैद हो जाए
1.दुर्घटना

क़फ़स[1] से निकले परिन्दे की ले तो लूँ तस्वीर
मगर रिहाई का मन्ज़र[2] न क़ैद हो जाए
1.पिंजरा 2.दृश्य

अभी तो ख़ुश्क ज़मीनों पे लोग क़ाबिज़[1] हैं
फिर इसके बा'द समुन्दर न क़ैद हो जाए
1.क़ब्ज़ा किए हुए

वही धुआँ जो उगलते हैं घर के सब अफ़राद[1]
उसी धुएँ में मिरा घर न क़ैद हो जाए
1.लोग

ब्रश उठाए हुए सोच में हूँ गुम 'अज़हर'
तिरे ख़याल का पैकर[1] न क़ैद हो जाए
1.आकृति

तेरा यही है हुक्म तो कम कर रहे हैं दोस्त
जितना मगर ज़रूरी है ग़म कर रहे हैं दोस्त

हालांकि पस्त होने का ख़तरा भी इसमें है
दीवार-ए-दिल को और भी नम कर रहे हैं दोस्त

इक रोज़ जाते-जाते तुझे सौंप जाएँगे
ये वारदात-ए-दिल जो रक़म[1] कर रहे हैं दोस्त

1 .लिखना

जिस राह से तू आया उधर देखते हुए
आँखों को ए'तिबार-बहम कर रहे हैं दोस्त

1 .विश्वास दिलाना

कार-ए-फ़ुजूल[1] ही सही ये कारोबार-ए-इ'श्क़
कोई करे या न करे हम कर रहे हैं दोस्त

1.व्यर्थ कार्य

पल्लव मिश्रा

पल्लव मिश्रा का जन्म 3 सितम्बर, 1998 को सहरसा (बिहार) में हुआ। आप पत्रकारिता और जनसंचार में ग्रेजुएट हैं। वर्तमान में आप दिल्ली में रह रहे हैं।

पैमान-ए-वफ़ा[1] इतना भी दुश्वार[2] न हो जाए
जो बाँह गले में है वो ज़ुन्नार[3] न हो जाए

1 वफ़ा का वचन 2.कठिन 3.जनेऊ

डरते हैं मिरी ख़ानाख़राबी[1] से मिरे लोग
ये शख़्स कहीं क़ाफ़िला-सालार[2] न हो जाए

1.दुर्भाग्य 2.यात्री-दल का अध्यक्ष

चलता हूँ सँभल कर कि मिरी राहरवी[1] से
ख़ाक-ए-रह-ए-जानाँ[2] कहीं हमवार न हो जाए

1.राह चलना 2.प्रेयसी के रास्ते की मिट्टी 3.समतल

होती ही नहीं ख़त्म मिरी हस्ती-ए-फ़ानी[1]
हर बार जो होता है वो इस बार न हो जाए

1.नश्वर जीवन

इक ख़ौफ़-ए-बग़ावत[1] इसे तैनात रखेगा
ये फ़ौज-ए-ज़फ़रयाब[2] गिरफ़्तार न हो जाए

1.विद्रोह का भय 2.विजयी सेना

तल्वार भी रखता हूँ ब-कफ़[1] उसके मुक़ाबिल
डरता भी हूँ ग़लती से कहीं वार न हो जाए

1.हाथ में

तकता है तेरी राह कोई सुब्ह का भूखा
और सोच रहा है कहीं इफ़्तार न हो जाए

1.रोज़ा खोलना

तिरे लबों में मिरे यार ज़ाइक़ा[1] नहीं है
हज़ार बोसे[2] हैं इन पर प इक दुआ नहीं है

1.स्वाद 2.चुंबन

मैं अपनी मौत से ख़ल्वत[1] में मिलना चाहता हूँ
सो मेरी नाव में बस मैं हूँ नाख़ुदा[2] नहीं है

1.एकांत 2.नाविक

कभी फ़ना[1] नहीं होती है मौज-ए-सैल-ए-फ़ना[2]
कुछ इसलिए भी कि आब-ए-बक़ा[3], बक़ा[4] नहीं है

1.नष्ट 2.मृत्यु की बाढ़ की लह्र 3.जीवन-अमृत 4.अनश्वरता

मिली थी कोई सज़ा जिसके मुद्दई'[1] हैं हम
सिवा-ए-इज़्न-ए-गुनाह[2] कोई मुद्दआ' नहीं है

1.शत्रु 2.गुनाह की आज्ञा के सिवा

बरहना[1] जिस्म को इशरत[2] है तार-ए-पैराहन[3]
मताअ-ए-जान[4] ये बंद-ए-क़बा[5], क़बा[6] नहीं है

1.नंगा 2.भोग-विलास का सुख 3.वस्त्र का धागा 4 प्राण रूपी धन
5.कर्ते की गाँठ 6.चोगा

तुम्हारे होंट भी ख़ूँनाब[1] को तरसते हैं
मिरे भी पाँव में कुछ दिन से आबला[2] नहीं है

1.ख़ून के आँसू 2.छाला

गुल-ओ-बहार हैं शाख़ों पे ज़र्द[1] पत्ते हैं
मेरे चमन में सभी कुछ है पर सबा[2] नहीं है

1.पीले 2.ठंडी हवा

साग़र-ए-जम[1] न कोई जाम-ए-सिफ़ाल[2] अच्छा है
हो अगर ज़र्फ़[3] तो फिर मय[4] का कमाल अच्छा है

1.जमशेद का प्याला जिसमें वह जो चाहे देख सकता था 2.मिट्टी का प्याला 3.पात्रता 4.शराब

इम्तिहाँ गर हो ज़रूरी तो बग़ावत[1] अच्छी
सर-ए-मीज़ान[2] अगर हो तो ज़वाल अच्छा है

1.विद्रोह 2.तराजू में 3.पतन,नीचे होना

राह-ए-पुरख़ार[1] में बेरंगी-ए-रुख़[2] पर मेरी
तंज़[3] करता है कि पाओं का गुलाल अच्छा है

1.काँटों भरी राह 2.चेहरे का फीकापन 3.उपहास

बैन[1] करता हूँ तो कहता है कि ख़ुश-ख़ुश रहिए
शाद होता हूँ तो कहता है मलाल[2] अच्छा है

1.विलाप 2.ख़ुश 3.दुख

वक़्त ऐसा है कि जो आन पड़े वो मुश्किल
हाल ऐसा है कि जो कुछ है मुहाल[1] अच्छा है

1.असंभव, कठिन

चार दिन कह के मुझे चर्ख़[1] ज़मीं पर लाया
और रक्खा है यहाँ सालहा-साल[2], अच्छा है

1.आकाश 2.अनेक वर्ष

बा'द-ए-यक-उ'म्र[1] भी ज़रख़ेज़[2] है ग़ालिब की ज़मीं
माल-ए-ख़ाम[3] अच्छा है 'पल्लव' सो मआल[4] अच्छा है

1.एक उ'म्र के बा'द 2.उपजाऊ 3 कच्चा माल 4.फल

आए कोई भी अच्छी ख़बर ग़म मनाएँगे
या'नी हम अपनी मौत का मातम मनाएँगे

देखो कि एक हो गए हम ऐसे सिफ़्र-ज़ात[1]
इस इर्तिक़ा[2] का जश्न तो बाहम[3] मनाएँगे
1.व्यक्तित्व-शून्य 2 उन्नति 3.मिलकर

देते हैं उसको रूठने का इक नया सबब[1]
अब हम भी उसको पहले से कुछ कम मनाएँगे
1.कारण

पिछली ख़ुशी पे बार[1] थीं आँखों की ख़ुश्कियाँ
इस बार की ख़ुशी को ज़रा नम मनाएँगे
1.बोझ

रूठी मोहब्बतों को मनाने चले हैं हम
हुश्यािर रह तुझे भी किसी दम मनाएँगे

मैं दम-ब-ख़ुद[1] हूँ और ये मसर्रत[2] की बात है
ये वो ख़ुशी है जो मिरे हमदम मनाएँगे
1.मौन 2.ख़ुशी

रौज़न-ए-हक़[1] से दिखता हुआ बातिल[2] रौशन है
और मिरी आँखों में देखो दिल रौशन है

1.सच का छिद्र 2.झूट

माज़ी[1] के तारीक[2] खंडर की ख़ाक का हासिल
एक चराग़ है जिसका मुस्तक़बिल[3] रौशन है

1.अतीत 2.अंधकारमय 3.उपलब्धि 4.भविष्य

सब अपनी-अपनी मिट्टी के पर्वर्दा[1] हैं
सब के चाक पे अपना-अपना गिल रौशन है

1.पाले हुए

नूर नहाए ख़ून नहाए चेहरे हैं सब
मेरे जुलूस में जो भी है शामिल रौशन है

ऐ लश्कर-सालार[1] तिरे लश्कर पर तोहमत[2]
इसके बीच मिरे जैसा बुज़दिल रौशन है

1.सेनापति 2.लांछन 3.कायर

बारिशों को तरसती ज़मीं दी गई और उफ़ुक़[1] को घटा दी गई या[2] अख़ी[3]
सब्ज़ा-ओ-गुल[4] को आ'लम[5] की नैरंगियाँ[6] और धनक[7] को छटा दी गई या अख़ी

1.क्षितिज 2 ऐ 3.भाई 4.हरे पौधे और फूल 5.संसार 6.विचित्रता 7.इंद्रधनुष

शह्र-ए-जाँ[1] में वबाओं[2] का इक दौर था मैं अदा-ए-तनफ़्फ़ुस[3] में कमज़ोर था
ज़िन्दगी फिर मेरी यूँ बचाई गई मेरी शह-रग[4] हटा दी गई या अख़ी

1.प्राणों की नगरी 2.महामारी 3.साँस लेने की शैली 4 प्रमुख नाड़ी

तुझसे अ'ह्द-ए-रफ़ाक़त[1] हुई इक ख़ता उ'म्र में साल कितने हैं किसको पता
अ'ह्द[2] था उ'म्र भर का मेरी उ'म्र से एक मुद्दत घटा दी गई या अख़ी

1.मित्रता का युग 2.वचन

हाकिम-ए-शह्र[1] की खुद-सताई[2] अ'जब शह्र भर की बलाग़त[3] पे क़हर-ए-ग़ज़ब
बहर-ए-तारीख़[4] ता'रीफ़ लिक्खी गई रावियों[5] को रटा दी गई या अख़ी

1.नगर का शासक 2.आत्म-प्रशंसा 3.साहित्य की आलंकारिक शैली 4.तारीफ़ करने के लिए 5 कथावाचक

हमको घर-बार के क़ायदे क्या पता हमने ज़िन्दान[1] में ज़िन्दगी काट दी
तेरी ड्योढ़ी पे ज़ंजीर-सी दिख गई तो वही खटखटा दी गई या अख़ी

1 कारागार

या अख़ी मैं कोई दश्तज़ादा[1] नहीं मेरी वहशत[2] का दामन कुशादा[3] नहीं
मुझको सहराओं[4] का ज़ाइक़ा[5] भा गया धूल ऐसी चटा दी गई या अख़ी

1.जंगली 2.दीवानगी 3.विस्तृत 4.मरुस्थल

थामता कौन रफ़्तार जब जिस्म में एक गंगा लहू की उतरने को थी
मेरे सीने में दिल को बिठाया गया और रगों की जटा दी गई या अख़ी

दुखों का कलेवा सुखों के निवाले
तुम्हारी अमानत तुम्हारे हवाले

मिरे पास अब कोई दाना न पानी
सकत हो तो धरती तू ही कुछ उगा ले

1.सामर्थ्य

मैं कैसे समझ लूँ कि तू गुमशुदा है
तुझे ढूँढ कर भी तो कोई निकाले

इन्हीं पानियों में कहीं खो गया था
वो जिसके लिए हमने तैराक पाले

दिवानों से दुनिया परेशाँ रहेगी
अँधेरों पे मरते रहेंगे उजाले

अजब मर्हला[1] है ग़म-ए-आशिक़ी भी
कि रुक-रुक के सुनता हूँ ख़ुद अपने नाले

1.पड़ाव 2.रोना

तू किस दश्त-ए-इम्काँ[1] में घायल हुआ है
लबों पर पड़े हैं तबस्सुम[2] के छाले

1.संभावना का जंगल 2.मुस्कुराहट

रेख़्ता बुक्स के प्रकाशन

देवनागरी

1 क़श्क़ा खींचा दैर में बैठा — फ़रहत एहसास
2 अब मैं अक्सर मैं नहीं रहता — अनवर शुऊ'र
3 मौसम इतना सर्द नहीं था — ज़ुल्फ़िक़ार आ'दिल
4 खिड़की तो मैं ने खोल ही ली — शारिक़ कैफ़ी
5 ग़ज़ल उसने छेड़ी (खंड 1,2,3,4,5,6) — संकलनः फ़रहत एहसास
6 सुब्ह-बख़ैर ज़िन्दगी — अमीर इमाम
7 अकेलेपन की इन्तिहा — जमाल एहसानी
8 सभी रंग तुम्हारे निकले — सालिम सलीम
9 तेरी सदा का इन्तिज़ार — ख़लीलुर्रहमान आ'ज़मी
10 इक शाम तुम्हारे हिस्से की — काशिफ़ ग़ाइर
11 रौशनी जारी करो — मनीष शुक्ला
12 लिफ़ाफ़े में रौशनी — मोहम्मद अ'ल्वी
13 मन्ज़र-ए-शब-ताब — इ'रफ़ान सिद्दीक़ी
14 मिट्टी की सुंदरता देखो — सर्वत हुसैन
15 आख़िरी इ'श्क़ सबसे पहले किया — नो'मान शौक़
16 शाम के बा'द कुछ नहीं — शाहीन अ'ब्बास
17 गुलशन — मुज़्तर ख़ैराबादी
18 मोहब्बत जब नहीं होगी — आफ़्ताब हुसैन
19 किताब गुमराह कर रही है — शहराम सरमदी

20 जिस्म का बर्तन सर्द पड़ा है	अमीर हमज़ा साक़िब
21 ग़ज़ल का शोर	ज़फ़र इक़बाल
22 क़ाफ़िला-ए-नौ-बहार	संकलन: विकास शर्मा राज़
23 मौजूद की निस्बत से	महेन्द्र कुमार सानी
24 इन्तिख़ाब-ए-कलाम-ए-ज़ौक़	संकलन: फ़रहत एहसास

उर्दू

1 आख़िरी पहर की दस्तक	शमीम हन्फ़ी
2 औराक़-ए-ख़िज़ानी	अहमद मुश्ताक़
3 वाहिमा वजूद का	सालिम सलीम
4 गुलशन	मुज़्तर ख़ैराबादी

संपर्क

रेख़्ता फ़ाउन्डेशन
बी-37, सेक्टर – 1
नोएडा, यू.पी. – 201301

NOTES

NOTES

NOTES